Jaime Ernesto Díaz Ortiz

Relatos de un viaje

Jaime Ernesto Díaz Ortiz

Relatos de un viaje

Un recorrido por Chile, Argentina y Bolivia

Editorial Redactum

Cover image: Que ha proveído el autor

Publisher:
Éditions universitaires européennes
is a trademark of
International Book Market Service Ltd., member of OmniScriptum Publishing Group
17 Meldrum Street, Beau Bassin 71504, Mauritius

Printed at: see last page
ISBN: 978-620-2-48523-4

Zugl. / Aprobado por: ninguno de los anteriores

RELATOS DE UN VIAJE
Narración de una pareja de jubilados por el sur de continente americano. Un recorrido a través de Chile, Argentina y Bolivia

Existe la posibilidad que la verdadera medida de la vida de una persona no se base en adquirir una fortuna, ni en alcanzar el poder, tampoco en obtener la fama; quizás estriba en mejorar la conciencia sobre lo que es vivir.

En ese sentido, la búsqueda de impresiones que permitan acrecentar tal conocimiento, puede constituirse en el mayor de los logros. pero es una tarea que exige mucho esfuerzo, pues nadie dispone de tiempo ilimitado.

Y como se necesita toda la vida de una existencia para adquirir tal conciencia, cada ser humano al final de la misma, solo tiene lo único que en verdad es valioso y esa es la única herencia que en verdad tiene para legar.

Dedicatoria

A mi madre que me transmitió su amor por la lectura,

A mis hijas,

A los que se decidan a construir buenos recuerdos en el viaje de la vida.

Introducción

Para las personas convencionales como yo, como para la mayor parte de los seres humanos de este mundo, el acto de viajar se convierte con el transcurso de la existencia, más en un sueño que en una realidad. Bien sea por que la trama de la vida se impone, por las obligaciones de todo tipo que se adquieren, por los recursos económicos que no alcanzan, por el fastidio que nos da el alterar la comodidad de un sillón o por la edad que se vino encima sin anunciar. En resumen, hay muchas razones y argumentos que pueden justificar la imposibilidad de cumplir con ese deseo. Anhelo que aparece en la juventud, que la edad se encarga de atemperar. O de forma más simple, en el fondo del corazón no se quiere de verdad.

Hay otras personas, sin embargo, para las cuales el acto de viajar no tiene mayor sentido, al encontrar en su terruño o en su interior, todas las satisfacciones que esperan de la existencia y que consideran no verán en otros sitios.

Pero hay algunos que, venciendo las resistencias impuestas por ellos mismos, en algún momento de la vida deciden vencer sus temores y emprenden un camino en busca de algo que no encuentran en su cotidianidad. Bien sea solo con el ánimo de romper con una vida monótona, o en el intento de alcanzar los sueños juveniles que alguna vez conocieron o de manera más simple demostrar a sí mismos que la vida aún no ha llegado a su final.

Los que se deciden a partir, van en búsqueda de mil deseos: las ciudades famosas que llenan su imaginario por diferentes circunstancias, los intereses particulares de cada uno para intentar ver con sus propios ojos lo que han leído o les han contado de otros lugares. De igual manera, para algunos solo es el deseo de comprobar que nada es diferente o también para dar testimonio de que se ha conocido un sitio especial.

De esta narración en particular, he querido narrar los sucesos, experiencias e imágenes que se presentaron durante la travesía por el sur del continente americano. He intentado además mostrarlas como marco donde expreso algunos pensamientos que considero pueden ser comunes a muchas personas. Creo con la mayor modestia posible que la suma de las dos ideas anteriores, recrea situaciones universales. Además, pienso que aquellas no son propias de una sola persona, sino que, al modificar levemente las circunstancias, corresponden a las vivencias de muchos individuos.

Independiente de la cultura a la que pertenezcamos y las circunstancias que hayan labrado y rodeado una vida, todos compartimos recuerdos personales de aquellos que han emprendido otro viaje y que ya no nos acompañan; hay quienes aman la naturaleza y se deleitan con su belleza y algunos hay que les duele la condición humana con las condiciones que impone para sobrellevar una existencia más llevadera.

Por tanto, este relato intenta expresar de alguna manera pensamientos ecuménicos compartidos por seres humanos de todas las condiciones, qué intentan o han logrado materializar sus esperanzas al viajar por sitios desconocidos, descubriendo en su corazón lo maravilloso que es vivir, sin dejar a un lado el reconocer la fragilidad que encierra la vida.

Los Andes

Al aproximarse la aeronave al territorio chileno, la imagen de la cordillera de los Andes aparece en la ventanilla del avión, con toda su magnitud. Sorprende su anchura, sus innumerables picos coronados de nieve que ocupan todo el horizonte, la infinita soledad que trasmite el silencio que se deja ver en la distancia. Al verlos, de inmediato me viene a la memoria el recuerdo de lo que en su época se conoció como la tragedia de los Andes. Yo era un adolescente cuando leí la noticia que transmitía la desaparición de un avión con cuarenta y dos jóvenes uruguayos jugadores de rugby en su regreso a Montevideo provenientes de Chile.

La historia que narraron los periódicos contando la odisea de los sobrevivientes y el rescate de veintitrés de ellos producto del tesón del capitán del equipo, Nando Parrado y su compañero Roberto Canessa, no despertó en mí un sentimiento de solidaridad. Yo, nacido en el trópico, con una infancia en medio de manglares, inexperto de la vida y desconocedor de las dentelladas que produce el frío, no fui capaz de dimensionar las situaciones descritas en los diarios. Los relatos que hablaban de congelación arropada por el hambre extrema, compañeros permanentes de aquellos adolescentes, no me dijeron nada. Tampoco comprendí la manera como esos jóvenes durante sesenta dias, pudieron superar esa dura experiencia. Menos el acto de locura de quienes decidieron, al no encontrar ayuda del exterior, buscar la salida de esa tumba de nieve.

Pero los años pasan y la vida modela a las personas. Hoy con más agostos vividos, al recordar la travesía de aquellos chicos de mi edad, que lograron, gracias a su empeño, encontrar un camino que los llevó a ser rescatados y permitió salvar a buena parte de sus compañeros, y que ocurrió en el año 1973, fue narrada en varios libros y películas que dieron cuenta en sus testimonios de los dias de dolor, desesperanza y muerte que vivieron aquellos muchachos que apenas se iniciaban en la vida al sentirse perdidos en ese desierto blanco.

Pero esa historia de supervivencia se convirtió con el tiempo para muchos y para mí en una lección de valor y coraje al mostrar que nunca hay que rendirse en ninguna circunstancia, por más adversa que se presente una situación.

Muchos años después de ocurrido ese suceso y frente a ese horizonte inhóspito de frío y hielo, considero que aquellos jovenes uruguayos le dieron al mundo un ejemplo de vida que traducido a otros ámbitos pudiera convertirse en uno de los muchos faros necesarios en una sociedad perdida en la banalidad de lo insustancial y en la desmesura del consumo.

Hoy que vemos como la raza humana pareciera querer arrasar con el mundo natural sin reflexionar que construye su propia tumba, recordar testimonios como este quizás puedan servir para reconstruir valores de generosidad y valentía cada vez más necesarios en el mundo actual. El hecho de atreverse a cruzar esa cordillera, con tan pocas probabilidades a su favor, es una historia que sigue siendo una hazaña que merece seguir contándose. Su narración supera los hitos de azar y destino que rigen a los seres humanos, sin dejar de lado el hecho factico de una suerte fortuita que aparenta regir el destino de cada vida.

Superando esa visión, ya muy cerca del destino final, una montaña más alta que las otras destaca en el horizonte; el piloto del avión no indica nada, pero yo imagino que debe ser el Aconcagua. Lo observo largo rato y aún desde esa distancia lo encuentro imponente y valoro la audacia de quienes se atreven a retar su cumbre.

En las proximidades de la ciudad, el avión ingresa en un valle circundado por dos cinturones montañosos para mostrarnos a la ciudad de Santiago de Chile que se aproxima. Intuyo inmediatamente que el lugar no presenta un matiz particular que lo destaque. Produce al viajero mayor impacto, la imagen de la Sabana de Bogotá armonizada por la diversidad de los tonos verde esmeralda que enmarcan las distintas haciendas. Un aeropuerto convencional, sin nada que destacar nos espera a llegar a Chile.

Allende

La ciudad de Santiago amanece ensombrecida, ceñida por una temperatura que se empeña en hacerla poco amistosa. Nos disponemos a conocer sus monumentos más céntricos, acompañados de una mañana fría y ajena. Tenemos referencia que la plaza principal, al mejor estilo español, se encuentra enmarcada por la catedral, los edificios de gobierno y otras construcciones que albergan oficinas importantes que la rodean, siguiendo el modelo tradicional impuesto por los conquistadores.

Caminamos sin prevención por las primeras calles. Sin haber avanzado más de cuatro cuadras, al doblar una esquina, nos tropezamos con un policía que tiene detenido un automóvil. Como telón de fondo un destacamento del ejército sobresalta con su imagen. Se celebra el día de la fiesta patria con la tradicional parada militar y las calles circundantes se encuentran cerradas para los vehículos. El cuadro me produce una ligera punzada en el corazón trayendo súbitamente el recuerdo de las escenas que la televisión transmitía de esas mismas calles hace 44 años. Solo siete días antes se ha conmemorado el aniversario del asesinato de Salvador Allende. El acto ceremonial al cual asistieron muchos, recuerda el golpe militar que cambió el rumbo de una generación y de un país. A pesar del tiempo transcurrido es difícil precisar si esos acontecimientos fueron para bien o para mal.

Escuchando a los oriundos, se observa que las opiniones permanecen divididas. Pero los hechos en aquella época no dejan duda al señalar que la fuerza de las armas siempre aplica sus criterios. Militares en todas las épocas y lugares apoyados por ideologías de todo tipo siempre encuentran justificaciones para imponer a la fuerza su poder.

Decidimos bordear el desfile militar que se anuncia. Al cambiar de dirección nos topamos a las diez de la mañana con un promotor de excursiones por la ciudad. Sorprende su altura. Mide más de dos metros. Tan pronto lo veo pienso que se ha equivocado de oficio. Creo que debería dedicarse al basquetbol. Al vernos nos aborda para ofrecer un tour por la ciudad. El autobús que promueve es de dos pisos; para variar de color rojo. Me pregunto si esta peculiaridad de tono corresponde a una moda universal. Al coincidir que es una buena opción decidimos acompañar al vendedor a una plaza de mercado que se encuentra cerca, donde funciona la agencia turística que vende los boletos. Nos acompaña en el recorrido un grupo de cuatro personas que dicen venir de Durango, México. Caminamos con recelo recorriendo unas calles donde se ven más policías que civiles.

La oficina que vende los tiquetes se encuentra en una plaza de mercado. La decoración colonial de la construcción sorprende por el estado de conservación que muestra. Pareciera que hubieran terminado la obra el mes pasado; creo que pocas como esa se encuentran aún en pie en Latinoamérica. Su arquitectura rigurosamente española contrasta por su belleza sobre las básicas edificaciones modernas.

Compramos los boletos y de acuerdo con las indicaciones del guía nos dirigimos a la primera parada del automotor que nos enseñará la ciudad. La marcha de quince cuadras colmadas de un frio que nos agota a cada paso nos lleva a la primera estación donde abordaremos el bus al cual subimos. Estamos exhaustos. El primer trayecto finaliza su recorrido a las tres calles. Que decepción, con lo costoso del billete.

La primera parada que ofrece el transporte queda en el Santuario del cerro de San Cristóbal, lugar obligado de visita para turistas y nativos. Después de hacer fila durante una hora subimos por un tren de cadena a la parte media del montecito donde nos recibe una estatua de quince metros de alto que representa la virgen de la Inmaculada Concepción. El monumento de mármol con una cara blanca y redonda contradice la apertura amable de sus brazos; concentra su mirada por encima nuestro, buscando quizás proteger una comunidad lejana, desconociendo a quienes la visitan.

Desde el mirador se observa toda la ciudad diluida en una bruma que la cubre en su totalidad e impide precisar la mayoría de sus detalles. La neblina, producto de la contaminación de la ciudad, se opone a ser arrastrada, debido a un accidente geográfico. La capital se encuentra localizada en un pequeño valle, en medio de dos cinturones montañosos con vientos de poca fuerza que alejen la polución. Un edificio inmenso perdido entre la niebla parece fuera de lugar y se impone sobre el resto de las construcciones. Es conocido con el nombre de la "Costanera". No solo es el mayor centro comercial de la ciudad sino también el más alto de Suramérica. Santiago rodea todo el cerro e impresiona su tamaño. Una superficie que aloja el cuarenta por ciento de la población del país.

Después de una hora de recorrer los jardines decidimos descender en unas telesillas para tomar nuevamente el bus tour que nos lleva por diferentes partes de la ciudad. La diferencia entre sus distintos puntos cardinales destaca las características principales de cada uno. El centro ecléctico, con sus monumentos nacionales e históricos presenta una nostalgia europea. El norte, persiguiendo los sueños americanos, se jacta de sus edificios modernos que encierran las aspiraciones de una clase media que sueña con la monocromía de la globalidad. Los apartamentos que se observan vacíos muestran una sociedad económica emergente que necesita huir los fines de semana tratando de dar un sentido a su existencia, El sur, deprimido, refleja una dignidad austera. Algunos cambuches construidos con cartones matizan el paisaje.

El recorrido presenta lo mismo de todas las ciudades: plazas, iglesias, edificios, avenidas, calles, estatuas, monumentos de distintos tamaños y materiales, cada uno con su nombre. Todos rememoran sucesos o personajes importantes. No me aprendo ninguno. Santiago enseña una pulcritud propia de las ciudades que no tienen nada que destacar.

La Pampilla de Coquimbo

Hoy alquilamos un vehículo. El propósito es viajar a un pueblo llamado Vicuña cuya importancia radica en haber sido durante el siglo pasado, la cuna de nacimiento de una persona que se convirtió en el referente romántico de la vida de mi madre. Ese personaje representó para mamá un modelo a seguir durante su juventud, camino que la condujo a su profesión de maestra y al amor por la poesía. Gabriela Mistral, nacida en un hogar humilde se convirtió en un símbolo de su generación al ser galardonada con el premio nobel.

Muy de niño escuché a mi madre recitar sus poemas, lo cual ha sido el motivo principal para visitar el lugar. En esta región de Chile, una mujer con base en su inteligencia venció los prejuicios de la época, para convertirse en la representante emblemática de toda una generación. La visita enfocada a conocer el lugar donde nació y vivió la poetisa y maestra, la realizamos como homenaje a su talento, pero también como catarsis al recuerdo de mi madre quien hubiera estado feliz de acompañarme.

Gabriela como la Mistral fue también el nombre de la menor de mis hermanas mayores, nombre quizás cargado de respeto por la autora de poesías que marcaron la vida de tres personas. En preparación para el viaje me aprovisioné de fragmentos de alguno de sus poemas: Uno en particular atrajo mi atención:

*"**Cosas***
Amo las cosas que nunca tuve con otras que ya no tengo.
Pienso en umbral donde dejé pasos alegres que ya no llevo,
y en el umbral veo una llaga llena de musgo y de silencio.
Me busco un verso que he perdido, que a los siete años me dijeron.
Fue una mujer haciendo el pan y yo su santa boca veo.
Viene un aroma roto en ráfagas; soy muy dichosa si lo siento;
de tan delgado no es aroma, siendo el olor de los almendros.
Me vuelve niños los sentidos; le busco un nombre y no lo acierto,
y huelo el aire y los lugares buscando almendros que no encuentro..."

Aprovechamos el vehículo de alquiler y muy temprano acompañados de la lluvia, tomamos la cinta asfáltica de la Ruta 5 en dirección al norte de Santiago cuya calzada de dos carriles en un sentido nos arrastra durante 470 kilómetros.

La autopista caracterizada por la monotonía, alterna largos tramos entre columpios infinitos de sopor interminable, con un paisaje que desgrana de manera sucesiva, villorrios, algunos invernaderos y sembradíos que hablan de amor y abandono. El camino se deleita enseñando combinaciones exóticas de distintas especies vegetales entremezcladas con torres de acero encargadas de convertir el viento en electricidad. El viaje de cinco horas nos presenta en su tramo final una población llamada "La Serena".

Nos instalamos en un hotel que simula una construcción del siglo XVII adornado con un mobiliario que también parece de la época. Mas tarde nos dirigimos a conocer una de las famosas ferias anuales que se celebran en Chile. De pasada visitamos un faro muy recomendado en todas las guías turísticas, el cual nos defrauda por su suciedad y mal estado de conservación. Definitivamente no basta con informarse lo suficiente para evitar ser engañado. El camino a la feria se muestra entreverado en medio de calles cortadas por el tráfico vehicular y la multitud. Guiados por las señas de vecinos, recorremos un distrito urbano laberíntico de barrios populares similares a muchos distribuidos por toda América. Las casitas multicolores de una planta indican un continente homogéneo en la pobreza.

La celebración muy famosa en la región, conocida con el nombre," La Pampilla de Coquimbo" anuncia para el día siguiente una asistencia superior a las cincuenta mil personas que desean presenciar el espectáculo final que cierra el evento. La exhibición presenta visitantes de todas las condiciones sociales, que llegan a pie o montados en carros último modelo. Algunos vienen vestidos con ropas corrientes y otros dejan ver con ostentación las marcas de moda. Sorprende la aceptación que se encuentra en el lugar. La multitud parece entender el lenguaje común de disfrutar la música y la comida sin discriminar clases sociales. Seguramente las hay y entre ellas se presentarán dificultades, pero es manifiesta la alegría, especialmente de los más humildes. En particular al escuchar la música nacional "La Cueca", baile que disfrutan con orgullo chicos, jóvenes y adultos.

Después de un par de horas nos retiramos con la sensación de vislumbrar la esencia de un pueblo orgulloso de sus tradiciones y del momento actual de su economía.

Las maestras

Al amanecer salimos en busca del nacimiento del sol rumbo a Vicuña, acompañados de canciones de pampilla y cuecas que suenan en una emisora local. Al frente una brújula de nubes pinceladas de rubí, nos señala el camino. Al llegar al pueblo nos reciben en la plaza principal tres perros lanosos y una señora que hace la limpieza de un parque adornado de pimientos centenarios con sus troncos retorcidos que simulan facciones de fantasmas atrapados en sus cortezas.

Malas noticias. Por ser fiesta nacional todo está cerrado. Buscamos un sitio para tomar café. Lo único abierto es la terminal de transporte donde no encontramos estacionado ni un solo bus. Una chica que vende café resulta ser compatriota. De Pereira. Su nombre, Marilyn. Mientras esperamos que abra la mañana, nos cuenta que lleva un año aquí, invitada por unas amigas que le habían garantizado un trabajo que no resultó de su agrado. Dice que además de trabajar no ha conocido ningún sitio y el dinero recibido a duras penas le alcanza para sobrevivir y enviar algo a sus hijos, por lo que piensa regresar pronto. Comenta que para pasarlo mal prefiere hacerlo al lado de los suyos. La vida aquí es dura; no se ha podido comprar ni una muda de ropa en todo el año. También cuenta historias de chicas que conoce a quienes les va muy bien económicamente. En otros oficios por supuesto.

Relatos como las que menciona Marilyn, los corroboramos al leer los clasificados que aparecen en el aparte de oficios varios de un periódico local, donde la mitad de los anuncios corresponden a chicas que dicen ser colombianas ofreciendo servicios de compañia. La tarifa que aparece en el diario indica un cobro de doscientos dólares por la asistencia mínima.

Nos despedimos con el pensamiento que no hay nada nuevo bajo el sol; vida desafortunada la de muchos, en un mundo donde la esclavitud sexual disfrazada de neoliberalismo sigue su curso, en un proceso que se intenta ocultar pero que en casi todas partes parece natural.

En busca del objetivo que nos trajo a este lugar, nos dirigimos a conocer la casa donde nació Gabriela Mistral, que por supuesto en este día festivo encontramos cerrada. Para variar el museo también.

Decidimos viajar otros treinta y dos kilómetros al pueblo de Montegrande donde la poetisa pasó su niñez y se convirtió en maestra de la escuela local. En el camino encontramos una pareja de chicos que nos piden un aventón. Los llevamos por un par de kilómetros, pero resultan poco conversadores.

Continuamos el viaje y de la nada aparece un letrero donde invitan a conocer una bodega artesanal de vino. No lo tenemos incluido en nuestros planes, pero decidimos entrar. El sitio rústico esconde una instalación pequeña con la tecnología necesaria para destilar cuarenta mil botellas al año. La propietaria se muestra muy orgullosa de su negocio. No cobra por la visita ni por enseñarnos el sitio, lo que nos hace sentir obligados a comprar alguno de sus productos. Salimos de allí con una botella de vino y la sensación de haber cumplido con uno de los protocolos de los turistas en sus viajes a Chile.

Continuamos por otro par de kilómetros y al doblar una curva algo pronunciada nos encontramos de súbito con un carro estacionado al lado de la carretera que muestra una llanta estropeada. A su lado cinco personas con cara de no entender la situación en que se encuentran: dos mujeres mayores, una de ellas con un bastón que muestra dificultades para caminar, una niña, un señor de edad madura medio borracho y un viejito, que nos suplican ayuda para cambiar el neumático. No les veo cara de Bonnie y Clyde así que decido detenerme. Es un buen día, el sol alumbra sin mayor entusiasmo. Bajo del coche y me concentro en cambiar la rueda estropeada. Organizo la situación; entre todos conseguimos unas piedras para bloquear el carro e instalo el dispositivo para elevar el vehículo hasta conseguir su estabilidad. La operación termina con éxito y todos se muestran muy agradecidos, nos preguntan de donde somos y se muestran sorprendidos al enterarse. La señora parcialmente inválida que dice ser podóloga nos da una tarjetita y ofrece su casa para alojarnos. El anciano, con una edad que con seguridad supera los 80 se acerca para comentar que están estrenando carro pero que la conductora, la señora del bastón a duras penas sabe conducir.
-Somos solo apariencias, dice.
-Así somos todos, le respondo.
Suelta una carcajada y me abraza con fuerza.

Arribamos a la población de Montegrande donde una mini feria al frente de la plaza nos recibe con expectativa. Turistas en búsqueda de chucherías, pensarán los vendedores. En el parquecito bajo la sombra de una pequeña iglesia, cinco mesas exhiben las baratijas de siempre. De Gabriela Mistral nadie conoce su historia, no se consigue ni siquiera un libro de sus poemas. El mundo de ahora es así, todo se encuentra en internet. La virtualidad se impone. Pasamos a visitar la casa que igual a las anteriores se encuentra cerrada. En frente hay una escuela que lleva el nombre de la poetisa.

He pensado en el talento de Mistral y en su vida. La reflexión me lleva a compararla con la vida de mi mamá. Ambas maestras de comunidades rurales en sitios lejanos y solitarios, las dos con muchos talentos y una sensibilidad a flor de piel, criadas con carencias económicas similares, pero, aun así, ambas con destinos tan distintos. Me pregunto:
¿Cuál es la pauta que marca la diferencia entre la vida de dos personas?
-No lo sé, me respondo.

Y eso para mí es un poco triste. Pasar la vida sin entender si finalmente es el azar o el destino lo que marca la diferencia de una existencia.

Continuamos al viaje a un punto llamado el Valle de Elqui, donde encontramos una pequeña villa llamada Pisco Elqui. Allí la mitad de las viviendas están destinados a hospedajes y la otra a negocios de artesanías. Es un pueblo de casitas pintorescas pintadas de mil colores rechinantes que resaltan el paisaje estéril circundante.

De regreso, aparecen tres nuevos mochileros. Dos chicas y un chico. Chilenos, todos muy jóvenes. Casi no caben con sus morrales en el carro. Nos cuentan que están de viaje aprovechando las vacaciones de las festividades nacionales. Aquí la fiesta nacional dura toda una semana y muchos aprovechan para escapar de casa. Los dejamos a la entrada de Vicuña.

Buscamos el hotel que tenemos reservado y la chica de la recepción nos dilata la entrega de la habitación más de una hora. Parece que atiende con mayor entusiasmo a turistas que no sean suramericanos. La tardanza en el registro del hotel y el ajetreo del camino hace aparecer el cansancio. Un coctel de bienvenida ofrecido como desagravio por la larga espera y la cena nos devuelve un poco la alegría. En la noche, una camioneta conducida por un chico joven nos lleva a un descampado cercano para ver las estrellas. Rodeados por observatorios muy famosos, que se divisan en las cimas de montañas lejanas, nos disponemos a escudriñar el universo a través de un telescopio que parece de juguete en un remedo de mirador expuesto al aire gélido del desierto. Esta noche las estrellas rebeldes se niegan a deslumbrarnos con el misterio de luces que muestran cuerpos celestes ya desaparecidos.

A media noche volvemos al hotel para acostarnos leyendo otro poema de Mistral:

"***Madrecita***
Madrecita mía, madrecita tierna,
déjame decirte dulzuras extremas.
Es tuyo mi cuerpo que juntaste en ramo;
deja revolverlo sobre tu regazo.

Juega tú a ser hoja y yo a ser rocío:
y en tus brazos locos tenme suspendido.

Madrecita mía, todito mi mundo,
déjame decirte los cariños sumos."

Los caminos de Santiago
Conduciendo a placer por la ruta 5, única que atraviesa buena parte de los 4300 kilómetros que tiene el país de longitud, pienso en lo conveniente que sería para Suramérica rescatar el transporte férreo en todo el continente de norte a sur, facilitando una mejor comunicación entre los diferentes pueblos. Desde el siglo diecinueve los países del sur del continente emprendieron políticas para incentivar la construcción de vías férreas que combinaran el transporte de minerales y recursos naturales con el de pasajeros. Desafortunadamente la falta de continuidad y el auge de los vehículos ha llevado al mínimo este medio de transporte.

Actualmente, en la Argentina se intenta rescatar el caballito de acero, básicamente para la industria turística o para el transporte suburbano. A diferencia de Europa u otros países como Rusia o una parte de Asia, los estados abandonaron esta política que permitía la comunicación de regiones muy extensas dejando a su suerte poblaciones completas que dependían enteramente de este sistema.

El viaje de regreso a Santiago muestra una nueva dimensión del país que no habíamos notado anteriormente. El aspecto urbano de los pueblos por donde pasamos nos educa con una cátedra de arquitectura que deja asomar una mezcla alternada de construcciones antiguas y modernas. Las primeras se caracterizan por la diversidad de edificaciones que combinan casas de diferentes tamaños, formas, acabados y materiales reflejando no solo la capacidad económica de sus habitantes sino también de alguna manera la personalidad de cada propietario. Como contraste, la parte moderna se identifica por la uniformidad de sus edificaciones donde casas y edificios de mayor o menor costo se exhiben completamente iguales expresando una semejanza monótona que representa de alguna manera la sociedad del momento. Una aldea uniforme en correspondencia con la modernidad actual.

Uno se pregunta acerca de cuál tendencia cultural contribuye en mayor medida al bienestar de quienes los habiten. Eficiencia en el manejo de los recursos o preferencia por la diversidad individual y cultural es un dilema que debe proponer la sociedad.

Aparte de las reflexiones urbanísticas, el viaje ha mostrado gente cordial, como la señora de una tienda de comestibles que nos presta su teléfono para hacer una llamada o el dueño de "porotito" una mascota French Poodle, quien espera junto a su dueño que muy pronto en Chile se legisle para permitir el ingreso de mascotas a lugares públicos. Al amigo que le parece un escándalo pagar cinco dólares por un corte de pelo para sí mismo, no le molesta gastar doce dólares por igual servicio para su fiel amigo. Opina que es necesario que las autoridades empiecen a regular la apertura de espacios que consientan a los propietarios interactuar con sus mascotas. No considera correcto que no le permitan compartir con su porotito un hostal o un restaurante. Le doy la razón y al despedimos, el sentimiento que nos une por las mascotas genera un lazo invisible de solidaridad.

La ruta nos trae a Viña del Mar, ciudad bella de cierta forma parecida a cualquier ciudad de la costa este de Estados Unidos, donde la gente parece vivir en una fiesta permanente. Junto a ella se encuentra Valparaíso, considerada por la UNESCO como patrimonio de la humanidad, que muestra la apariencia de una ciudad envejecida y bulliciosa recogida en las comunas de los cerros que la rodean, creando una impresión de densidad y opresión entre las montañas y la playa.

La intención de visitar una de las casas de Pablo Neruda nos lleva a esta población en cuyo centro nos encontramos desorientados. Al detener el vehículo en una calle cualquiera, un vecino que pasa por casualidad nos pregunta si buscábamos una dirección. Es una chiripa, al enterarse del lugar donde queremos ir, se ofrece a llevarnos. Como si el destino nos tuviera reservada una sorpresa resulta que el sujeto vive en una calle aledaña a la casa de Pablo Neruda. Producto del encuentro podemos arribar un poco antes del cierre gracias al ángel providencial que ayuda a destrabar ese galimatías de calles empinadas que es Valparaíso. La casa museo de Neruda conocida con el nombre de “La Sebastiana” se encuentra colocada en una de las montañas circundantes de donde se divisa gran parte de la ciudad. Un lugar perfecto que permite tomar unas fotos y comprar un libro de poemas.

La ciudad de Valparaíso comparte con Viña la misma escena frente al mar y parece ser su hermana pobre. La una antigua, desordenada y caótica, la otra moderna y estéticamente aséptica presentan un extraño contraste de diversidad cultural. Las personas que las visitan reparten sus preferencias entre la anarquía de una frente al refinamiento de la otra. Ciudades hay para todos los gustos.

Después de once horas de viaje llegamos a Santiago escuchando en la radio del coche la canción “Imagine” de John Lennon.

Colombianos por el mundo

Rumbo al aeropuerto, las noticias de la radio transmiten información acerca de una ciudad al norte de Chile llamada Antofagasta. La reseña divulgada por el locutor, indica que el nombre de la ciudad debería modificarse a Antocolombia por la gran cantidad de compatriotas que actualmente residen allí llegando a superar a los ciudadanos chilenos. El informe sorprende, pero no obstante nos parece creíble. La referencia deja un sentimiento de tristeza al escuchar la mala fama que ha generado esa comunidad de compatriotas. Delincuencia y costumbres poco sanas parecen ser su sello. Un comentarista dice que a las mujeres colombianas se les conoce por su fama de robar maridos.

Esa imagen se diluye con rapidez durante el viaje en avión a Calama, que muestra un paisaje caracterizado por los contrastes. Montañas nevadas, arropan un desierto inmenso -Atacama, que con sus mil colores ocres y naranjas de diferente intensidad rodean salares que simulan ojos albinos en medio del mar de arena que los circunda.

Si Don Quijote llegara en estos tiempos modernos al poblado de Calama encontraría que en medio del desierto viven muchos más gigantes que los que tuvo que enfrentar en la Mancha, con el infortunio para él, que los nuevos rivales cuentan con armadura de acero para resistir mejor sus embates.

Los innumerables molinos de viento, dispersos uniformemente en el paisaje, en la noche con sus hélices marcadas con franjas de color rojo, forman un calidoscopio de colores, como si tuvieran un propósito oculto para permitir que alguien enviara mensajes cifrados al espacio.

En el aeropuerto, mientras pagamos el transporte que nos lleva a San Pedro de Atacama, nuestro destino final, somos atendidos por dos chicas colombianas, que se rebuscan la vida en una de las empresas rentadoras de vehículos. Esperamos una eternidad por el autobús. Cuando los pasajeros estamos a punto de desesperar, llega el vehículo con su conductor de origen peruano. Sandro es su nombre. Durante todos los días de la semana sigue la misma rutina. Las personas que el transporta consideran estos viajes una aventura, para el solo es un trabajo más. En el coche coloca música de Maná para tranquilizarnos. El nombre de este grupo musical significa en lenguaje de la polinesia "guía espiritual".

Finalizando la tarde llegamos a un pueblo que parece abandonado de Dios. Es similar a cualquier villorrio de la Guajira donde encontramos un nuevo motivo de asombro. En el Hostal donde nos alojamos, las dos chicas de la limpieza también son colombianas. Ambas de la costa pacífica en Nariño, de un pueblecito llamado Satinga. No entendemos como han llegado a este sitio perdido en el mundo.

Como alguna vez lo describió el periodista Héctor Mora en su programa "El mundo al vuelo", se encuentran colombianos de todos los orígenes, colores y sabores en los sitios más inverosímiles del planeta.

La ciudad de los perros

San Pedro de Atacama combina la arquitectura de un pueblo de la alta Guajira, Colombia, con la que existe en una aldea de Marruecos. Son construcciones de adobe color tierra pintadas con el polvo del desierto. Tiene algún sentido, todos son pueblos construidos en medio de la nada. El lugar de seis mil habitantes divididos por partes iguales entre nativos e itinerantes, recibe durante todo el año una cantidad variable de turistas, número del cual nadie se atreve a precisar una cifra. Es evidente que el noventa y cinco por ciento de la población por lo menos vive del turismo. Eso nos comenta Emanuel con su tufo de siete leguas en su papel de reclutador de comensales para uno de los restaurantes de la zona.

La principal característica del pueblo son sus perros. Bien podría llamarse San Perro de Atacama. Se encuentran de todas las edades, razas, tamaños y colores. Se caracterizan por la cantidad de pelo. No parecen tener dueño, tampoco dan la impresión de estar abandonados ni muestran signos de agresividad, aparentan estar acostumbrados a la presencia de los turistas y duermen o permanecen echados en la calle en medio del polvo, lo cual les da una combinación de suciedad y ternura. Dan impresión de creerse los dueños del pueblo mientras observan a la gente que pasa a su lado en el mejor de los casos con condescendencia, pero en la mayoría con una actitud de indiferencia. No gruñen a los transeúntes, no persiguen a los ciclistas con sus ladridos, no asedian a los paseantes en busca de compañía. Aunque en ocasiones orinan las maletas de los viajeros despistados para recordarles quienes son los verdaderos dueños del pueblo. Se ven bien alimentados y manos misteriosas les mantienen agua en recipientes plásticos colocados de manera indiferente al costado de las casas.

En la calle principal: "Caracoles", cada puerta anuncia el negocio más destacado de la zona. Las agencias de turismo. Intercaladas entre ellas, aparecen innumerables restaurantes, cafeterías o ventas de abalorios. El ejercicio del turismo de un emprendimiento tenaz, ya empieza a evidenciar que la actual competencia feroz puede conducir a un colapso del oficio debido a la emulación de precios para atrapar al turista. Existe una cierta anarquía en la profesión que todavía es superada por la amistad que muestran los actores que intervienen en el proceso.

Es un turismo de aventuras, enfocado en su mayor parte a jóvenes, lo cual coloca un techo en los gastos mínimos de cada uno. Aun así, es una actividad costosa y un almuerzo de lo más corriente puede valer quince dólares. Afortunadamente los restaurantes con música en vivo hacen olvidar un poco los precios. Nos sentamos en uno, al cual nos ha llevado Emanuel, donde escuchamos cantar una canción originaria de Cuba, compuesta por Osvaldo Farrés que han fecho famosa cantantes como Sarita Montiel o Omara Portuondo. Escucho con atención y cierta melancolía la letra de la melodía.

"*Siempre que te pregunto que, cuándo, cómo y dónde*
tú siempre me respondes quizás, quizás, quizás.
Y así pasan los días y yo, desesperando
y tú, tú contestando quizás, quizás, quizás.
Estás perdiendo el tiempo pensando, pensando
por lo que tu más quieras ¿Hasta cuándo? ¿Hasta cuándo?"

La principal atracción de la región es el desierto y su visita a los diferentes parajes que lo conforman se puede hacer de muy diversos modos. Buses de mayor o menor tamaño, carros de alquiler y bicicletas para los más audaces. El más empleado, transportes de veinte pasajeros con temperaturas en su interior superior en diez grados a la del exterior. Mas que aire acondicionado parecen llevar encendida la calefacción. En uno de ellos vamos a conocer el Valle de la Luna, construido por el arquitecto naturaleza aprovechando los materiales de la zona. Formaciones rocosas inmensas se esparcen sobre el suelo debajo de las cuales el maestro de obra, tiempo, ha modelado cavernas que alcanzan profundidades de hasta cinco metros. Los pasadizos del subsuelo, obligan a los viajeros a seguir rutas sinuosas pasando a rastras bajo las rocas a través de recovecos estrechos en un simulacro de estar buscando un camino al centro de la Tierra.

La tarde finaliza observando desde lo alto de un mirador natural dispuesto en medio del desierto, uno de los cotidianos atardeceres de la región que aprovecha el sol para desplegar su galería de colores. La música de fondo durante el recorrido estuvo a cargo de Manu Chau.

Sesenta minutos en globo

El frío del desierto penetra con fuerza la parka. Mientras tomamos con las manos gélidas un café que despide fuego acompañado por un croissant de chocolate, la tripulación inicia el inflado del globo. Momentos antes su piloto, Barry, un irlandés con largos años de vida y vuelo, nos instruye sobre la forma de abordar la aeronave. Hace énfasis sobre la posición necesaria dentro del globo al momento del aterrizaje. Todos seguimos al pie de letra sus recomendaciones. Nadie dice nada, pero una intranquilidad disimulada por bromas y risas entrecortadas se respira entre los pasajeros. Abordamos teniendo en mente las palabras del piloto. El globo, obedece la mano experta de su conductor y se eleva lentamente. Inicialmente parece mostrar cierta resistencia. Pero la mañana llama a volar. Pronto alcanza la altura de vuelo. Seiscientos metros. No asciende más para evitar corrientes de aire que lo podrían elevar a una altura peligrosa. Una situación tal que exigiría oxígeno para algunos pasajeros.

El horizonte se despliega en toda su extensión. Es notoria la ausencia de vida y solo a retazos se observan escasos parches de vegetación. Hoy no se evidencian las pequeñas manadas de burros usuales en el desierto. A lo lejos se distribuyen parcelas de cultivo en su lucha contra la dureza del clima. El Valle de la Muerte se encuentra a nuestros pies revelando toda su crudeza. El vuelo discurre de forma plácida. La sensación de relajamiento se expresa en la cara de los aeronautas. La sorpresa se incrementa al observar como nuestra sombra nos persigue desde el suelo. El globo se desliza con suavidad y transmite una sensación de paz. No hay vértigo y a esta altura se envidia un poco la capacidad de volar y el silencio que acompaña el vuelo.

Después de una hora, el aerostato finaliza con un planeo rasante que termina con tres saltos consecutivos sobre la tierra, los cuales soportamos con una mezcla de irresponsabilidad y susto. El globo se detiene y un aplauso cerrado brota de la barquilla. Todos felicitamos al piloto. Nos espera el acto de graduación presidido por un discurso de Barry que alaba nuestro buen comportamiento y nuestra audacia. Brindamos con Champaña y orgullosos recibimos el diploma que nos acredita como aviadores de globo. Todos quieren tomarse una foto con el irlandés. Laura, nativa de San Pedro, que forma parte de la tripulación de tierra señala que nuestro guía es de mucha experiencia y que próximamente la compañía de vuelo lo enviará a un país de Asia. Comenta con cierta vanidad que es el único piloto que deja al personal femenino acercarse en ese momento al globo, mientras los demás miembros del equipo se encargan de recoger la aeronave.

El desierto de Atacama es uno de los lugares más secos del mundo con una precipitación promedio anual de 25 milímetros y evaporación de 2000. Debido a su latitud es uno de los sitios del planeta donde cae la mayor cantidad de meteoritos.

En San Pedro existe un pequeño museo del meteorito que se encuentre al final de la Calle Tocopilla. Allí, un geólogo estadunidense de 35 años, graduado en la Universidad de Washington, muestra con entusiasmo una colección que se encuentra magníficamente expuesta en distintos paneles donde grabaciones en diferentes idiomas describen la formación y el desplazamiento de los aerolitos en el universo. Logan, que es su nombre, se encuentra en este sitio desde hace solo seis meses intentando unir sus dos amores: el interés por aprender bien español para comunicarse más fluidamente con su ascendencia puertorriqueña, con el estudio de cadenas de ADN encontrados en el fragmento más importante de la colección, que son diferentes a las que existen en la Tierra.

Intenta encontrar evidencias sobre vida en otros mundos. Su sueño, nos dice, es trabajar por la protección del planeta. Extraño para un geólogo olvidar que el planeta se protege solo y no necesita ayuda. Pero él considera que debemos luchar para evitar el cambio climático que afecta la Tierra. Me parece que ninguno de los dos tenemos tiempo para iniciar una plática sobre el tema. Me resigno y le deseo que ojalá alcance sus objetivos.

Al atardecer, la zona más antigua el pueblo de Atacama construida con adobe y la más reciente en ladrillo, respira polvo, combinando según la estación del año, con un aire frio proveniente de los nevados circundantes que cala con fuerza en los pulmones, o un calor proveniente del desierto que te aplasta. Sin importar el clima, los turistas, la mayor parte jóvenes de distintas nacionalidades socializan en las calles intercambiando experiencias y precios. Lógicamente, direcciones y contactos. Se observa en las vías una sensación permanente de alegría.

Lagunas para soñadores

A las 7 a.m. nos recoge Jefferson que muestra una alegría desbordante. Indica que hoy es el día de las "Las lagunas escondidas". Como buen venezolano tiene la cordialidad propia de quienes tienen la bendición de haber nacido en el Caribe. Su sonrisa es permanente y sus explicaciones acerca de los distintos fenómenos geológicos que confluyeron para la formación particular de la zona son precisas y detalladas. Parece un profesor universitario. Tiene la capacidad innata para captar la atención del auditorio. No lo sabe, pero en ocasiones su cara deja entrever un cierto gesto de timidez. De 26 años, con poca formación académica formal, demuestra su interés y pasión por esta región donde de alguna forma está encontrando un sentido a su vida. Cuenta con cierto orgullo que desde los dieciséis años sobrevive solo. No se explaya sobre su pasado, pero si comenta que aprendió inglés en Estados Unidos donde vivió durante ocho años. Cree que la combinación de lecturas en diferentes áreas de ciencias le permitirán no solo comprender el mundo, sino también y por qué no, obtener un grado académico en una universidad de prestigio como Harvard, si logra superar un examen que acredite sus conocimientos. Pero tiene claro que esto para él es secundario, lo importante dice, es intentar comprender la naturaleza y a través de ello tratar de conocerse él mismo.

En el recorrido encontramos zorros esquivos que nos ven pasar con indolencia, pero también con temor. En las laderas, se observan conejos ocultos en las rocas, completamente inmóviles, simulando ser parte de las mismas; es su estrategia de pasar desapercibidos para protegerse. Ambas imágenes dejan claro cómo funciona la cadena alimenticia en el desierto.

Llegamos al lugar conocido como rocas coloradas. A un lado del espectáculo, una laguna inmóvil refleja unas montañas coronadas de nieve que la penetran. El paisaje de cierta forma alucina. En algunos puntos es difícil diferenciar la realidad de su reflejo. Todas las lagunas escondidas en las montañas muestran dicha particularidad.

Almorzamos casi que en un descampado llamado Socaire. No tendrá más de doscientos habitantes. El mesero que habla español con un acento desconocido, invita a consumir el menú prometiendo postre a quienes no dejen comida en los platos. No parece chileno. En algún momento me pregunta de dónde soy y cuando le contesto, a su vez me responde diciendo que en Cali se baila buena salsa. Empieza a cantar la canción "Mi Cali bella" del Grupo Niche e intenta un remedo de dos pasos de baile. Resulta ser de Tuluá, se llama Adrián y vive en este sitio desde hace un año. Me parece increíble, nos damos un abrazo y nos prometemos amistad eterna.

Continuamos hacia el Salar de Atacama. Sus lagunas tienen una acumulación de sal capaz de abastecer todo el planeta. En el sitio, el grupo dispone de baterías sanitarias estoicas para cada sexo, donde se combinan sanitarios plásticos con duchas de aluminio para cambiar de ropa y eliminar la sal después del chapuzón.

El agua fría nos recibe con la promesa de calor que nos hace un sol deslumbrante. Aún los menos audaces se atreven a superar su temor a ahogarse en esa piscina que les impide hundirse. El peligro inminente es dejar que el agua te llegue a los ojos. Salimos chorreados de sal como si la naturaleza hubiera esculpido glifos o tatuajes de distintas formas en nuestra piel.

En la parada obligatoria de regreso a San Pedro, un atardecer color arcilla ilumina un horizonte de ciento ochenta grados. Antes de desaparecer la ilusión, el sol despliega todo un paisaje de colores que oscurece sus matices con el descenso del día. Solo los más afortunados pueden apreciar la sutileza verde en la modificación incesante de un arcoíris cotidiano.

Finalizando el tour del día, la única persona de nuestra edad, una chilena llamada Amalia nos pregunta de dónde venimos. Aprovecha la ocasión para entablar conversación. Dice tener 62 años, es pensionada y trata de estirar al máximo su exigua pensión para poder viajar. Como madre lolita que fue de tres hijos, ahora que ya ellos se emanciparon, desea conocer su país. Igual sueña con ir a Letonia donde dice tener una amiga. Su entusiasmo contagia y su alegría por disfrutar lo que una vida de responsabilidades no le permitió se trasluce en su mirada. Para ahorrar hasta el último céntimo, comenta que, en sus recorridos, las comidas las hace en las cocinerías de los sitios que visita. Estos sitios son similares a los restaurantes de las galerías de mercado en Colombia. Comprobamos que en sitios así, los precios son en realidad económicos.

El mundo actual, que se ha achicado, convierte el sueño de Amalia en algo real en especial para los jóvenes. Denisse, una de las recepcionistas del hotel, de 29 años nacida en Valparaíso, trabaja en San Pedro por ser un sitio donde no hay la oportunidad de gastar el dinero que recibe como salario. Al tener un contrato laboral de siete dias de descanso por cada mes de trabajo, aprovecha este tiempo para viajar. Menciona que ya ha estado en Europa y sus planes actuales son visitar Suramérica.

Pareciera que esta generación poco piensa en el futuro. No tienen un plan de ahorro a largo plazo. No quieren hipotecar su presente para comprar una casa donde pasar una distante vejez. Para jóvenes como Denisse vivir es ahora y hay que disfrutarlo al máximo. Quizás tengan razón.

Un desierto de otro planeta

Finalmente, el día temido y esperado al mayor salar del planeta no prolonga su tregua. El viaje al desierto de Uyuni en Bolivia se inicia a las 8 a.m con una temperatura de 2 grados y un retardo del transporte que me lleva a discutir con el conductor por su tardanza. Somos los últimos en su recorrido. Dentro del bus hay cuatro personas. Todas muy jóvenes, un chico y tres chicas. Subimos con disgusto, pero el conductor se justifica diciendo que el control en la frontera abre sus puertas sólo desde las ocho de la mañana. No lo sabemos, pero nuestro hotel se encuentra a doscientos metros del puesto fronterizo de Chile.

El bus inicia su recorrido hacia el límite con Bolivia distante a 45 kilómetros. Al fondo se ve el famoso volcán nevado de Licancabur con sus casi 6000 metros sobre el nivel del mar destacando sobre una cordillera nevada. Bordeamos su base y llegamos al lindero con el vecino país. Como en cualquier frontera los funcionarios se dan sus aires fingiendo rigurosidad en el examen de los documentos. Estiro con disimulo una pierna y piso simultáneamente con cada pie el suelo de los dos países. Cada vez entiendo menos el tema de las fronteras. Superamos los obstáculos que nos oponen los oficiales; cambiamos de vehículo para abordar un campero Toyota 4x4 de seis puestos.

Mientras hacemos los trámites de aduana, el conductor del vehículo ha extendido una mesa en la parte posterior del jeep y nos invita a desayunar al lado del coche. Milton es su nombre. Boliviano de unos cuarenta y cinco años de edad, será nuestro guía y conductor en la expedición. Aprovechamos para conocer a nuestros compañeros de aventura. Somos los mismos que veníamos en el bus. Todos ellos chicos de 24 años. Un norteamericano, una búlgara, una escocesa y una lituana. Una pequeña comisión de la ONU para un recorrido de cuatro días.

Iniciamos el camino en una sucesión deslumbrante de lagunas de colores y picos coronados de nieve, donde se entremezclan de manera indiferenciada reflejos de imágenes que compiten por obtener un premio a la mejor fotografía.

Cada una de esas albercas tiene un color que la distingue de las otras producido por la conformación geológica y mineral donde se encuentran. La primera, coloreada de verde, logra permanecer en invierno congelada de forma permanente por los treinta grados bajo cero que llega a marcar el termómetro. Lo comprobamos al observar que, en esta primavera incipiente, los sitios menos profundos todavía se enorgullecen de la capa de hielo en su superficie, siendo capaces de soportar nuestro peso. En una sucesión fantástica de nieve y desierto de la puna, recorremos otras lagunas de colores blanco y rojo.

Ambas impactan, pero destaca la de color rojo por el movimiento permanente de la innumerable cantidad de flamencos de esa coloración que la habitan, creando la ilusión de un mar de fuego. Su tonalidad y el de los pájaros proviene de un alga característica de la zona. En su superficie las bandadas de aves zancudas se extienden sobre un horizonte localizado a 5000 metros sobre el nivel del mar donde amenaza aparecer "el soroche". Descendemos por un camino de escalones en un recorrido de cien metros para tomar las fotos que nos acrediten como turistas y volvemos a subir lentamente. No todos los que siguen el sedero logran superar el ascenso sin descomponerse. La falta de aclimatación al escaso oxígeno cobra su precio. Pero nuestro grupo lo ha logrado. Milton comenta que somos un grupo fuerte.

Emprendemos camino rumbo al hospedaje de la primera noche, alternando imágenes de puna con formaciones rocosas que simulan grotescas formas inhumanas. Aparte de la escasa vegetación, se observan dispersos de tarde en tarde vicuñas y alpacas que no se entiende de que se alimentan.

A nuestro chofer le gusta la música suave de Bolivia, pero también la de Maná y la de Bob Marley. Me concentro en una canción del cantante jamaiquino titulada "Guerra", el tema es interpretado con la voz nasal que lo caracterizó.

"Lo que me ha enseñado la vida lo quisiera compartir
con aquellos que quieran aprender.....
Hasta que la filosofía que hace a una raza inferior y a otra superior
Sea definitiva y totalmente desacreditada y abandonada.
Hasta que no existan ciudadanos de primera y segunda clase en el mundo.
Hasta que el color de la piel de un hombre no tenga mayor relevancia que el color de sus ojos
Hasta que los derechos humanos básicos no sean garantizados por igual a todos, sin excepción de razas,
Hasta ese día, el sueño de paz duradera, la ciudadanía mundial y las leyes de la moralidad internacional seguirán siendo solo una ilusión efímera."

Pienso que mucho tiempo ha pasado desde que Marley cantó esa canción y nada ha cambiado. Como especie que hemos logrado controlar el mundo creemos ser inteligentes, pero nada nos separa de nuestros ancestros más remotos.

Con el sol en el límite del horizonte llegamos a nuestro primer albergue donde nos espera un frio que acuchilla, un plato de sopa caliente y una habitación con una incomodidad que hubieran envidiado en Esparta. El sitio de nombre Villamar no hace honor a su nombre. Por ahora hemos sobrevivido al primer día.

No bien asoma el amanecer, Milton nos despierta apremiándonos para tomar un café. La jornada es larga y hay que emprender el camino cuanto antes. Para variar con lo visto en el día anterior, hoy iniciaremos la sesión con la visita a rocas que simulan formas de animales. Igual a lo que acontece cuando se observan las nubes, imaginamos camellos, leones y osos.

El paisaje parece calcado de las películas de vaqueros en el oeste americano del director John Ford. En algún lugar del recorrido uno espera ver aparecer a John Wayne cubierto de polvo y con una pistola en la mano. Continuamos con el recorrido en busca de la Laguna negra. Al llegar allí el camino a pie, nos conduce por una ruta tapizada de vegetación esponjosa que destila agua, pero no impide nuestra marcha. Al aproximarnos a la laguna, la similitud con el paisaje de inicio de la película "2001 la odisea del espacio", impacta. Es idéntico, parece que la cinta hubiera sido filmada el día de ayer en este lugar. Se camina con el sentimiento que en cualquier momento aparecerá de repente y sin aviso sobre un montículo cualquiera, uno de los antecesores del hombre con un hueso sujeto en la mano, dispuesto a triturarnos.

La laguna resulta de una belleza extraordinaria. Todos quedamos estupefactos, no solo por los distintos matices de su color oscuro, sino también por la serenidad que transmite la combinación perfecta de agua, juncos, formaciones rocosas y desierto. El lago invita a nadar, pero esto se encuentra estrictamente prohibido. Se escucha el graznido de un pato. De la vegetación aparece un pato hembra con sus polluelos deslizándose sin prisa por la superficie. Es la dueña del lugar y así lo deja saber. Nos marchamos de allí con el sentimiento de haber perdido algo.

A mediodía, en Villa Alota, pueblo polvoriento en la mitad del desierto, nos ofrece almuerzo en un restaurante disfrazado de navidad. Hay un puma disecado colgado de una pared. Aun muerto su tamaño impresiona. Un triste destino para este animal que es perseguido por matar eventualmente un animal doméstico. Pareciera que las personas de estos sitios no perdonan a quienes los agravian. Esta situación me trae a la memoria la historia de Butch Cassidy y Sundance Kid, pistoleros americanos de principios del siglo pasado, que, al sentirse agobiados por la justicia de su país, se escabulleron a esta región del continente con el propósito de robar a los mineros de la zona. Aquí no tuvieron mejor suerte. Fueron emboscados por autoridades bolivianas en un pueblo llamado San Vicente, donde murieron. Saliendo del comedor nos encontramos con un mapa y en él, un lugar marcado con el nombre completo de Butch. A su lado el pueblo en mención. Nuestro conductor no conoce dicha historia, indica que es una isla. Me parece que esta desinformado.

Continuamos el viaje en medio de un mar de llamas que nos ignoran. Solo las crias jóvenes, con la curiosidad innata propia de aquellos que se asoman a la vida, nos miran fijamente. No obstante, nuestras compañeras de viaje se muestran encantadas y toman fotos interminables de cada una de ellas.

Para refrescarnos un poco arribamos a Julaca, pueblo de una sola calle y una vía férrea que la atraviesa, donde Juana, nativa del lugar de edad indefinible, es administradora del baño público. Ella es la encargada de cobrar dos pesos bolivianos por el derecho a usar el retrete. Aprovecho para preguntarle por la frecuencia del tren, responde que en la actualidad cruza el pueblo dos veces por día en cada dirección transportando minerales. En épocas anteriores incluso llevaba pasajeros. Los vehículos de gasolina arruinaron el negocio, dice. Al despedirme me pregunto cuál puede ser el ingreso anual de personas como Juana que parecen estar sembradas en cada pueblecillo de Bolivia.

En una esquina del pueblo, Alberto, joven de unos treinta años, dueño de la única tienda, quien es residente del lugar tan solo hace dos abriles, señala que su comercio tiene mucho éxito. Su local es una pequeña miscelánea de comestibles de paquete y bebidas donde parece que la venta de cerveza es su mejor aliado. Nos sentamos en unas mesas rudimentarias de troncos de cactus a las afueras del establecimiento y hacemos honor al negocio bebiendo cervezas de distintos tipos entre ellas la cerveza de cactus.

Seguimos el camino escuchando durante tres horas las melodías de mayor popularidad de los Beatles. El álbum Magical Mistery Tour suena en su totalidad. Afortunadamente para el grupo, a diferencia de la mayoría de guías bolivianos de estos viajes, a Milton no le gusta el reguetón. Permite que Bob Dylan nos acompaña con su música escuchando una de sus canciones que debería ser motivo de estudio para los niños en todo el mundo.

"Cuántos caminos debe recorrer un hombre, antes de que le llames "hombre"
Cuántos mares debe surcar una blanca paloma, antes de dormir en la arena.
Cuántas veces deben volar las balas de cañón, antes de ser prohibidas para siempre.
Cuántos años puede existir una montaña, antes de que sea lavada por el mar.
Cuántos años pueden vivir algunos, antes de que se les permita ser libres.
Cuántas veces puede un hombre girar la cabeza, y fingir que simplemente no lo ha visto.
Cuántas veces debe un hombre levantar la vista, antes de poder ver el cielo.
Cuántas orejas debe tener un hombre, antes de poder oír a la gente llorar.
Cuántas muertes serán necesarias, antes de que él se dé cuenta,
de que ha muerto demasiada gente.
La respuesta, amigo mío, está flotando en el viento.
La respuesta está flotando en el viento."

Finalmente llegamos al inicio del Salar de Uyuni hechos polvo y llenos de lo mismo hasta en las pestañas. El hostal de Don Carlos nos recibe en su alojamiento. Paredes construidas con adobes de sal y piso de igual material semejando arena hacen del lugar un recinto cálido. Encontramos agua caliente, pero solo para duchas de cinco minutos como máximo. El propietario sentado en una silla al lado del baño, hace cumplir con rigurosidad el tiempo asignado.

Nos parece haber llegado al paraíso. Su propietario, don Carlos, de unos 85 años, quien luce con orgullo en la pared de entrada la licencia oficial de funcionamiento de su hostal, explica minuciosamente el comportamiento para el uso de las baterías sanitarias. También muestra sin modestia los equipos que tiene en un mini museo alrededor del comedor. Un telégrafo morse es la estrella de la colección, una máquina de escribir antigua, una cámara fotográfica Kodak y una calculadora de manivela completan la recopilación. Relata que su papá era telegrafista, oficio que implicaba anteriormente una formación académica estricta para poder ejercer. Puntos, pausas y pausas sostenidas era uno de los secretos. Hoy con tantos inventos como el internet, don Carlos dice que no sabe dónde iremos a parar. Me pregunta de qué país provengo y al enterarse comenta que si soy seguidor de las Farc. Prefiero quedarme callado y guardo silencio.

En la cena, fatigados por los dos dias de viaje, pero animados por una botella de vino que obsequia el propietario del hospedaje, intercambiamos comentarios con los compañeros de la expedición. Las chicas, estudiantes de arquitectura en la universidad de Glasgow se encuentran en Chile realizando una pasantía de seis meses. La escocesa de apellido Lennon, menciona que su abuelo se llamaba John. Pero aclara que no es el mismo que el del famoso grupo. Mary que es su nombre, me recuerda un personaje de la película "Corazón Valiente". Es seria y tiene una personalidad segura. El vino y el calor del lugar hace que la cena sea cordial e intercambiamos opiniones. Derek, californiano, comenta que quiere estudiar medicina. Acaba de terminar su pregrado en fisiología humana y antes de iniciar su formación ha decidido darse un periodo sabático por Chile donde viven familiares de su madre de ascendencia alemana. Carolina, la lituana del grupo cuando se expone al sol muestra en su cabello cinco tonalidades doradas. Es cálida y parece una matrona rusa. Tiene conocimientos que en Bogotá un paisano suyo fue alcalde y trabajó por la cultura ciudadana. Sully, la búlgara es admiradora del alcalde actual de Bogotá llamado Peñalosa y de sus políticas relacionadas con el transporte urbano. Le hago bromas diciendo que su admiración va más bien por el camino de su estatura y su presencia. Todos reímos y nace una especie de camaradería. Se comportan de forma educada y respetuosa. Me parece que están un poco intimidados con nosotros, aunque se expresan con desenfado y son tranquilos. Seguramente se preguntarán a qué horas tendremos que ayudar a estos viejitos. Salimos en la noche bien abrigados para caminar en los límites del salar con el ánimo de ver las estrellas. Que decepción, una luna creciente se interpone en nuestros deseos.

En la mañana, Milton nos levanta a las cinco. Es la hora de ir a ver el amanecer en el Salar. Como podemos nos vestimos a la carrera y salimos en dirección a la isla Incahuasi. Allí nos esperan dieciséis camperos con sus ocupantes que han madrugado más que nosotros. La isla de tierra y roca que se encuentra en la mitad del salar, deja en el misterio la forma como se formó. A diferencia del mar de sal que la rodea, su elevación rocosa alza cincuenta metros sobre el suelo alojando un bosque de Cactus gigantes, con alturas hasta de ocho metros. Ascendemos con cuidado evitando las agujas que nos amenazan, por un sendero de piedra, bajo un cielo azul marino virgen que no deja ver la más mínima nube. El frío de la mañana es disminuido por el calor de la subida. La cuesta es algo empinada y tardamos veinticinco minutos en llegar a la cima. Nos rodea un mar de sal, que a estas horas de la mañana brilla reverberante con el sol del amanecer. Parece poco natural la combinación de ambos paisajes.

Un perro pasa a nuestro lado con un conejo en la boca sin explicarnos como ha sido capaz de encontrar un bocado así, en un lugar como este. Descendemos siguiendo al can, cada uno en busca de su propio espacio. El estacionamiento de cada vehículo cuenta con mesas y sillas para los viajeros construidos en piedra y madera de cactus. Tomamos el frugal desayuno frotándonos las manos intentando alejar el frio de la mañana. De allí partimos en busca del salar profundo. En algún lugar, realmente en medio de la nada nos detenemos. Saltamos del coche y cada uno inicia su propia sesión de fotografías. Luego se pasa a la grupal. Hacemos piruetas como lo indica Milton y posamos considerándonos estrellas de un show del cual somos al mismo tiempo protagonistas y espectadores.

Luego de permanecer allí unos minutos, abandono el grupo y camino solitario por el desierto, avanzando dos kilómetros hasta que siento que estoy a punto de perderme en un universo de sal. Cuando nuestro carro es solo un punto casi olvidado en el inicio de un espejismo, me asusto y detengo mi andar. Es hora de regresar. Al retorno encuentro un envase plástico arrojado por un turista poco cuidadoso. Lo recojo pensando en la irracionalidad de los seres humanos. No me siento cansado, ni con gran necesidad de beber agua. Al volver al vehículo encuentro que los demás han perforado un agujero en el salar. De allí sacan cristales de sal. Cubos casi perfectos congelados por el frío. Con el propósito de sacar cubos de mayor tamaño, Milton trae la palanca utilizada para cambiar llantas con el objetivo da agrandar de forma mecánica el hueco. Todos lo detenemos con nuestros gritos. Luego vemos como en un mercadillo a las afueras del salar, venden estos cubos a precio de centavos

Avanzamos raudamente a la frontera donde un monumento inmenso nos recuerda que el sitio ha sido el escenario por varios años del rally de Dakar. Casi al medio día entramos al pueblo de Uyuni donde un cementerio de trenes nos sirve como marco para una sesión fotográfica. El primer ferrocarril del país fue construido en 1824 por ingleses que lo utilizaron para el transporte de estaño y cobre. De toda esta riqueza mineral, como la de la plata y otros materiales parece que al país no le ha quedado nada.

Uyuni, es un pueblo sin identidad definida. No hay un solo punto que mencione resaltarse. Su mercado como el de todos los pueblecillos visitados es una miscelánea de productos chinos y artesanías bolivianas que se repiten sin distinción. El almuerzo presenta una novedad. Un televisor que se encuentra en el recinto sirve para apagar la conversación. La proximidad de la última cena desaparece ante la capacidad que tiene el aparato para alienar a las personas. Todos se quedan mudos frente al mismo, mirando unas imágenes sin importancia.

La aventura ha finalizado, pero el viaje por los linderos del desierto continua durante un día. En este punto cambiamos de conductor. Agapito un señor entre los 60 y 65 años nos lleva de regreso a Villamar en un recorrido directo de cuatro horas de reguetón. De esa forma se desquita de nuestra osadía de haber escuchado en esos parajes la música de Dylan y de Maná durante todo el recorrido anterior.

Al día siguiente, nos levantamos a las cuatro de la mañana para emprender el camino a la frontera con Chile. La oscuridad del paisaje desértico asusta un poco y da respuesta a la pregunta porque el hombre tuvo la necesidad de inventar a los dioses desde los tiempos más remotos. Hemos recorrido 800 kilómetros en jornadas a través del desierto y su salar, donde paisajes fantásticos, bellos y misteriosos nos han hecho sentir que vivimos una aventura.

El desierto de Uyuni representa actualmente ingresos de quince millones de dólares anuales y el negocio está en ascenso. Esta suma repartida en los bolsillos de muchos actores alivia la situación económica de la región, pero al mismo tiempo representa un peligro potencial si no se regula debidamente. Uno lo que desea es que ojalá el Salar de Uyuni se mantenga tan impoluto como cuando se formó.

En el reino de los Moai

El avión se desplaza a la Isla de Pascua a una altura superior a los once mil metros y velocidad de 900 kilómetros por hora. Los sensores de la nave indican que afuera el termómetro marca una temperatura de 58 grados centígrados bajo cero. Adentro, confortablemente sentados cada pasajero disfruta de su propio menú de películas. Después de cinco horas de vuelo, arropados por la oscuridad de un sol que nos persigue sin pausa, arribamos a la residencia de la comunidad Rapa Nui.

Lo primero que veo al salir del aeropuerto es una multitud de personas con un cartelito en la mano, marcado con el nombre del visitante que cada uno espera. Emprendo disciplinado la búsqueda del mío recorriendo de izquierda a derecha la variedad de paisanos que disimulan su impaciencia con la mejor de sus sonrisas. Leo detenidamente cada aviso y al encontrar nuestros nombres saludo con alegría al joven que lo porta. Me responde con una palabra que no entiendo "Iorara" dice y nos coloca un collar de Buganvillas de colores fucsia y blanco alrededor del cuello. Posteriormente me entero que el vocablo se usa indistintamente para saludar o despedirse. Por las facciones de la cara de quien lo pronuncia dudo de sus ancestros pascuenses. Mi pregunta confirma mis sospechas. El joven se llama Andrés y resulta ser nacido en Pereira, Risaralda. Vive aquí, en la isla, con sus padres desde hace algunos años. Por mi acento asegura que soy antioqueño. Al escuchar la ciudad de donde provengo, pregunta nuevamente si vivo en los barrios del sur o los del norte. Está tratando de ubicarme socialmente para darme el trato que merezco. Es triste comprobar la carga de prejuicios que nos acompañan independiente del sitio donde hagamos nuestra vida.

Nos recibe en el hotel Manutara una chilena de aspecto nervioso que lleva viviendo en la isla casi 20 años. Cincuentona, de nombre Mary, sin saludar me exige la garantía de la estancia. Le extiendo con prontitud mi tarjeta de crédito, lo que da pie para continuar con las instrucciones: normas de comportamiento en la habitación, en el restaurante, en la sala de tv, etcétera, etcétera. Observo que hay piscina. Qué bueno me digo, podré nadar un poco. A estas horas el hotel se ve muy solo. Quizás es producto de la hora, pienso. Son las dos de la tarde y los demás huéspedes deben andar de excursión.

En la recepción me entero que hay otra colombiana que trabaja aquí, Yuri de Montería lleva viviendo en la isla nueve años, en donde está casada con un nativo Rapa Nui. No pregunto cómo se conocieron. Me cuenta que cuando llegó a la isla, vivían allí aproximadamente cinco mil personas de los cuales cuatro con ella eran extranjeros. Ahora la residencia en la isla es muy regulada incluso para las personas de Chile continental, producto del crecimiento de población que ha aumentado un cuarenta por ciento en ese lapso, lo cual genera preocupación por la presión sobre los recursos. En la isla, es evidente la conciencia del colapso de su cultura antigua producto de la sobrepoblación que afectó el equilibrio existente, conduciéndolos casi a la extinción.

Después de averiguar en el hotel sobre las actividades que se pueden realizar en la tarde, pedimos un taxi y salimos en busca de almuerzo. El pueblo de Hanga Roa de calles largas que se acomodan a la topografía ondulada del terreno, presenta la combinación de casas típicas de un solo piso de las islas de la polinesia. Techos de zinc a dos aguas y porche. Todas en Madera con ventanitas pequeñas de diversos colores. La calle principal combina restaurantes con supermercados familiares dispuestos sin ninguna armonía. Tiene un kilómetro de largo y alrededor de ella se encuentra gran parte de la zona habitada. Se observan espacios vacíos esperando ser ocupados.

Posterior a un almuerzo tardío nos disponemos a conocer un poco el pueblo. Una pequeña caminata nos conduce a una serie de figuras polinésicas, de las cuales las más destacadas se encuentra en el sitio conocido como Tahai, monumento situado a pocos metros de un cementerio donde tumbas dispersas muestran una combinación de culturas y religiones.

Es una tarde magnifica; escuchamos de algún paseante que en los dias anteriores ha llovido en exceso. Hoy, el buen clima permite la afluencia de gran número de personas al parque donde se encuentran el monumento conocido como Tahai y uno cree que están dispuestos a venerar el ocaso del sol. Muchos se instalan intentando tomar la fotografía perfecta frente las estatuas que a su vez devuelven la mirada. Todos nos concentramos en el atardecer a través del lente de las cámaras. Nadie se maravilla, ninguno se asombra, lo único que preocupa a la multitud es tomar la mejor posición para lograr la imagen de postal que podamos exhibir con orgullo en el Facebook. Esperamos una eternidad durante casi treinta minutos. De súbito el momento ansiado llega y no dura sino un instante. Un sol rojizo que se filtra entre las nubes se hunde en el horizonte con rapidez. Tengo suerte. En el sitio menos esperado comprobé de manera fehaciente que la leyenda del rayo verde es cierta al ver asomar su reflejo sobre el hombro de uno de los Moai.

A la mañana siguiente salimos temprano a la búsqueda de otras esculturas que sabemos se encuentran diseminadas a todo lo largo y ancho de la isla. Avanzamos pocos kilómetros en el coche de alquiler y en los primeros recodos del camino encontramos un conjunto de estatuas que esta vez miran al mar. Son las únicas que se construyeron adoptando esa posición. Se encuentran restauradas gracias a un convenio realizado con Japón en 1992. Las imágenes de estos moais representan a los primeros exploradores en arribar a la isla. Después de tomar las fotografías respectivas, la ruta nos conduce en menos de un kilómetro a un recorrido por cavernas que sirvieron en el pasado de refugio y aposento a los primeros inmigrantes. A su entrada se encuentran aún algunos cultivos de plátano y otros alimentos que allí consiguen resguardo del viento. El lugar hoy sirve de refugio para que turistas fumen marihuana. Dentro de la caverna la oscuridad es absoluta y se tiene la sensación de estar realizando un viaje mágico al pasado remoto.

La isla entera en distintos puntos ofrece imágenes que rememoran diferentes acontecimientos tribales o familiares. Una de sus playas, Anakena, localizada en la zona norte ofrece la espectacularidad de su arena blanca cobijada por olas de azul traslucido, que recrea el escenario perfecto para lucir las estatuas en honor al primer desembarco fundador. Las esculturas que miran la nueva tierra con ilusión, aún continúan siendo esculpidas con finura por el viento y la arena.

En resumen, todas las estatuas y monumentos de la isla impresionan por su tamaño y su fuerza. El sitio conocido como Ahu Tongariki con sus trece imágenes de distinta altura, muestra en ocasiones con el nacer del sol, matices dorados en los hombros de las esculturas. En otro lugar, la cantera Ranu Raraku con sus casi novecientas imágenes semienterradas dispuestas aleatoriamente sobre la ladera de la montaña, indica el trabajo colosal que emprendieron los primeros pobladores. Las tallas de piedra dispuestas a espaldas de un volcán nos conducen por un camino que rodea la montaña hasta su cráter, donde una laguna invadida de juncos le imprime al lugar un aire fantástico y misterioso.

La cultura Rapa Nui, fue una civilización que se encontró en algún punto de su historia con un callejón sin salida. Alejada a más de tres mil quinientos kilómetros de la costa continental y casi a la misma distancia de sus islas de proveniencia, no presintieron el peligro que representaba un crecimiento desmesurado de la población, en una zona de escasos recursos naturales; sin mamíferos y reptiles, con suelos de baja capacidad agrícola, deficiencia de agua potable proveniente básicamente de las lluvias y fuertes vientos. Todos esos aspectos dificultaron el sustento de una sociedad creciente y la condujeron a un colapso social y político.

En algún momento de su desarrollo como sociedad, los esfuerzos que habían estado dirigidos a la talla repetitiva de esculturas de gran tamaño como un medio de buscar beneficios de dioses protectores, contribuyeron a disminuir con rapidez los escasos recursos, minando las alternativas para superar los problemas que enfrentaban. A lo anterior se sumaron las luchas entre los distintos clanes, llevándolos casi a su desaparición. Cuando fueron encontrados en el siglo dieciocho por marinos europeos eran un pueblo en extinción.

En la actualidad, nos dice Merahi, nombre nativo que traducido al español significa ángel, la escolaridad de once grados se hace en idioma español y polinésico, haciendo del lugar el único en el mundo donde cohabitan ambos como idiomas oficiales. El idioma Rapa Nui, tiene cinco vocales y diez consonantes y su escritura formal es enseñada en la escuela. La educación primaria de siete años y la secundaria de cuatro, se encuentra dirigida principalmente a la formación técnica que comprende tres grupos: las ciencias humanísticas, los sistemas agropecuarios y el turismo. La mayor parte de los chicos, nos dice Merahi, se enfoca hacia las dos últimas lo cual les garantiza un medio de trabajo al finalizar la escuela. Ella misma ejerce su labor de guía en uno de los parques de la isla lo cual le permite tener un medio de subsistencia.

Después de una extinción casi total de la cultura Rapa Nui, el gobierno de Chile en 1990 promulgó la ley indígena. Una de sus medidas de mayor importancia se enfocó a lograr que la tenencia del suelo fuera exclusiva para los nativos. Como pasa en todos lados, implementar estrategias de esa talla generó dificultades de todo tipo para quienes viven en la isla.

No obstante, los problemas habituales, se observa que el lugar es muy pacifico. Y si bien existen delitos de menor cuantía, el hecho que los presos actuales no superen la decena y tengan casi casa por cárcel, hace de la isla un lugar muy tranquilo para vivir.

Los habitantes se esmeran por mantener vestigios de su antigua cultura. Dos de sus tradiciones más importantes, la danza y la comida continúan siendo parte importante de sus rituales. La primera, desarrollada en diversas escuelas como parte de una liturgia que los jóvenes de la isla aprenden para entretener a turistas desprevenidos a quienes no les importa hacer el ridículo tratando de imitar los aspectos esenciales del baile: fuerza y virilidad en los varones, seducción y elegancia en las mujeres. El segundo aspecto, quizás más importante se centra en su plato principal llamado curanto, que consiste en una comida con base en la combinación de diversas carnes y vegetales cocinados en un hoyo en el suelo sobre el cual se colocan piedras calientes. El alimento no solo es el eje central de los espectáculos ofrecidos a los turistas, sino también es el fundamento de un comportamiento cultural que motiva la socialización entre los vecinos.

Por otra parte, los paisajes que ofrece la isla son maravillosos. Sus imágenes de olas multicolores verde esmeralda y turquesa aguamarina azotan los acantilados o avanzan con fuerza en sus playas, convirtiéndose en temas permanentes para fotografías de una revista. El ondular de sus olas sirve de marco para surfistas arrojados quienes las surcan con la elegancia de aquellos que conocen el oficio.

El volcán Orongo, depósito natural de aguas lluvias y fuente principal de agua potable de Hanga Roa, impacta de manera categórica sobre los sentidos. La belleza del lugar deslumbra. Su cima recrea la tradicional leyenda del "hombre-pájaro", fiesta anual del periodo final de la cultura Rapa Nui, donde se elegía el líder político no con base en los antecedentes familiares sino mediante una competencia física muy exigente. El clan del ganador tenía el privilegio durante un año de ser el líder político y recibía prerrogativas especiales.

Por una casualidad casi mágica me enteré que la palabra Manutara, hotel donde nos alojamos, significa en idioma Rapa Nui, gaviota, tal como era conocida mi hermana Gabriela por sus más allegados. Su muerte repentina hace dos meses que nadie esperaba impactó profundamente a toda la familia.

La vida es un misterio combinado de decisiones tomadas por el azar o el destino. Nuestra llegada a la isla con las cenizas de Gabriela se produjo con el inicio de la primavera, de manera similar a lo que acontecía anteriormente cuando las gaviotas arribaban a la isla por esa fecha. En la antigüedad su llegada daba inicio a la celebración de las competencias del hombre-pájaro. Las mismas continúan realizándose y aunque ya no se escogen los lideres con base en esas tradiciones, el significado de arrojo y coraje que representa la leyenda, me sirve de catarsis para decidir dejar en el fastuoso mar que rodea la isla una pequeña parte de las cenizas, en homenaje al valor que siempre mostró Gabriela durante su vida.

El último día en la isla, muy de madrugada vamos a una playa lejana, donde amparado por el monumento con las esculturas moai más importantes que continúan a la espera del favor de los dioses, depositamos una pequeña parte de sus cenizas en este mar que ella no conoció. Arrastradas por un viento que sopla con fuerza, se escucha musitar en medio de sus silbidos palabras polinésicas de despedida y agradecimiento, mientras los moais del lugar permanecen impávidos bajo los rayos de un sol anaranjado que recrea la escena con el resplandor de una lagrima. Iorara Maururu, querida Gaby.

Tierra de volcanes
Desde Santiago de Chile a Puerto Montt, el vuelo tarda una hora y media. Al salir del aeropuerto con el equipaje en mano, una multitud de taxistas y conductores de buses nos agobia con sus ofertas de traslado a la ciudad. Del asedio nos rescata Daniel, un joven que junto a Ignacio su socio en el negocio, ofrece alquilarnos un auto por una suma que parece razonable. Hacemos los trámites de rigor y verificamos que el coche se encuentra en condiciones. Escuchamos con atención las instrucciones que nos dan para avanzar hasta Puerto Varas, lugar de nuestro destino final.

Viajamos por cerca de una hora en una carretera delimitada por campos primorosamente cuidados, para el disfrute de los semovientes nativos. Al llegar al lugar del destino somos recibidos como si llegáramos a casa.

Nos registramos y al instalarnos en la habitación apreciamos desde un ventanal que cubre toda la alcoba, la vista del lago que adorna la rivera de la ciudad. Aún con un clima adverso que exige resguardarse preferimos salir a comer fuera del hotel. El frío obliga a entrar al primer lugar que encontramos disponible, donde nos abre la puerta Rafael, venezolano, quien trabaja en el local desde hace seis meses. Preguntamos si está conforme con su vida en el lugar y nos cuenta que sí, pero que el frio a veces no deja de ser un contratiempo para su alma caribeña.

Nos fijamos en el menú que en la parte superior índice el nombre del sitio: "Los Almendros" dice llamarse y pertenece a una señora llamada Almendra. Ella, de ascendencia asturiana, especializa su cocina en preparar las recetas de su abuela.

Examinamos el menú sin mucha atención. Terminamos pidiendo el plato que nos recomienda el camarero y Almendra en persona se acerca a la mesa para ofrecernos vino. Para paliar el frio e intentar ser amable pedimos dos copas. La cena muestra cara de pocos amigos, pero la consumimos de manera que no se note nuestra decepción. Pagamos la cuenta y salimos del lugar. De regreso al hotel estamos de acuerdo que nuestras abuelas cocinaban mucho mejor.

En el hotel es noche de futbol. Se juega la penúltima fecha de la clasificatoria para la próxima copa mundial de futbol en Rusia. El margen de diferencia entre varias selecciones es muy estrecho. Me quedo sorprendido por la pasión de los periodistas deportivos en sus comentarios. Yo creía que el folclorismo en Colombia era propio de una cultura tropical y no podía ser superado por nadie, menos por habitantes de la zona austral aparentemente más fríos y parcos. Que fácil es engañarse. En todas partes es igual. Los reporteros del deporte presentan los encuentros como si se fuera a la guerra. Se habla de honor, de patria, de banderas y de batallas por ganar. No lo entiendo, aunque de pronto es mejor que sea de esa manera. Dirimir las rivalidades entre los países en un campo de futbol y no en uno de beligerancia, puede contribuir a evitar el desangre permanente de los seres humanos. Lo anterior sería ideal si se mantuviera un espíritu deportivo. Parodiando a Eduardo Galeano, a mí me importan poco esas rivalidades. No las eludo, pero solo pretendo encontrar satisfacción pidiendo a quienes lo practican "una jugadita por el amor de Dios".

De madrugada, a la mañana siguiente paramos en la primera estación de gasolina que encontramos en nuestro camino, Para variar nos atiende un colombiano. De Santuario, Antioquia. Me parece increíble la cantidad de compatriotas que encontramos. En cada ciudad por donde nos desplacemos los vemos generalmente desempeñando oficios diversos y uno se pregunta si la emigración permanente a la que se ven obligados estos coterráneos, es propia de una cultura de emigrantes o solo obedece a la estratificación perpetua de una sociedad excluyente.

El frio de la mañana da paso a un cielo de un azul caribe. Una rápida parada en el camino para admirar algún paisaje destacable, continua con un paseo por una vía que circunda un lago de extensión marina rodeado de volcanes, que muestran en sus cimas coronas de azúcar. Continuamos nuestro recorrido y visitamos el parque nacional Vicente Pérez Rosales, el más antiguo del país, donde abordamos un catamarán que nos desembarca una hora más tarde en una población de nombre Peulla. Es el paso obligado del cruce de los lagos que conduce hasta Bariloche en la Argentina, en un recorrido que combina bus y barco durante ocho horas de viaje. En la villa viven ciento veinte habitantes de guardaparques y empleados con sus familias en el hospedaje de madera de cinco pisos que también alberga a los visitantes.

El hotel, cuya semejanza exterior con el de la película de terror "el resplandor", conduce a pensar que a diferencia de lo que cuenta el film, muy seguramente aquí Jack Torrance no sufriría los trastornos psicológicos que lo llevaron a la locura. La estrecha compañía de la comunidad permite soportar de manera conjunta los largos y crudos inviernos. La escuela con un número siempre muy pequeño de niños en diversos grados escolares es atendida por un maestro que combina sus saberes de pedagogo y enfermero del centro de salud.

La temperatura promedio en el invierno es de diez grados bajo cero y en verano el termómetro en ocasiones puede marcar treinta por encima. No obstante, dicha particularidad, la tranquilidad de la vida sencilla y las ocupaciones en pequeños oficios hacen que esta discurra de manera plácida, como en el caso de Lorena, comunicadora que vino por pocos meses para acompañar a su pareja y ahora varios años después, vive feliz junto a su hija Marcela de doce años. Ambas se dedican a embotellar la miel de Ulmo, árbol propio del parque, producto que vende a los turistas que vienen aquí en busca de un poco de paz. En este lugar visitan la granja con sus animales y caminan por los senderos admirando su vida salvaje. Los cóndores son el atractivo especial que pueden observarse fácilmente en su hábitat natural.

De regreso, deteniendo la mirada en los paisajes que la estela de la embarcación deja a su paso por el Lago de todos los Santos, pienso que el viaje de la nave se asemeja al discurrir de la vida. Ambas se deslizan la mayor parte sin mayores sobresaltos y dejan atrás cada uno a su manera imágenes que pronto quedan sumidas en la memoria asincrónica del recuerdo y del olvido, igual que una nave que sin detener nunca su avance nos lleva al puerto final.

Al descender en la orilla recogemos dos pasajeros, Camilo y Lorena. Han viajado todo el día solicitando la amabilidad de conductores para su transporte. En el día de hoy celebran el cumpleaños de ella y la forma económica y original de festejarlo es visitar los destinos turísticos relevantes de la región. Les escuchamos decir que esa noche se irán a ver una película en un cine. Son jóvenes, para ellos la vida es una aventura y la disfrutan sin resentimiento.

En un nuevo día; decidimos hacer el tour del lago. En el hotel nos indican que el mal tiempo nos acompañará durante un viaje que tardará un buen rato. Quizás todo el día. Avanzamos sin prisa y sin pausa por una vía que deja apreciar desde un ángulo distinto los nevados de la zona. Tenemos la impresión de estar en la sabana de Bogotá. El paisaje es idéntico, aunque su naturaleza no lo es. Los árboles diferentes y las ovejas que los acompañan muestran una realidad contraria, aunque la similitud es evidente. Quizás es producto de la placidez que ofrece el paisaje. Un pueblo llamado Frutillar aparece en el camino y sus casas al estilo tirolés, nos reciben con las puertas cerradas. Es muy temprano y a esta hora todavía no se ha dado el permiso para abrir un lugar que ofrezca una taza de café.

Llega la hora de almorzar y encontramos un restaurante despertando al mediodía. Don Pancho se llama y es atendido directamente por su propietario de igual nombre.

Parece ser una característica de la región. Don Pancho de unos 75 años al vernos se multiplica. Acomoda las sillas, las limpia, extiende los manteles, pone los cubiertos, trae la carta con el menú, describe los platos, anota el pedido, conversa con nosotros y recomienda lo que a su parecer cree más conveniente. Nos pregunta nuestro lugar de procedencia y al escucharlo su memoria recuerda un futbolista colombiano, Giovanny Hernández, jugador del Colo Colo, que fue en alguna época un comensal habitual. Hablamos un poco de futbol y nos anima subir al volcán Osorno para aprovechar la tarde de sol primaveral que contradice los pronósticos de mal tiempo que emite la radio. Don Pancho también es el cocinero, se desvanece en dirección a la estufa y luego de unos veinte minutos aparece súbitamente con los platos solicitados acompañados de una ensalada bien aderezada. Carne de vacuno con patatas rebosantes de aceite y un poco quemadas. Nos desea buen apetito y desaparece nuevamente. No lo volvemos a ver. Pagamos la cuenta a una hija de Don Pancho, que ha llegado acompañada de un médico. Comenta que su padre tiene que recibir diálisis cada tres dias. Dejamos nuestros agradecimientos y emprendemos el viaje hacia el volcán.

Chile es uno de los países del mundo con mayor cantidad de volcanes, muchos de ellos activos. La región de los lagos o región central posee tres que de acuerdo con alguna clasificación se encuentran entre los de mayor dinámica. A visitar uno de ellos nos dirigimos. Es el Osorno. Desde sus 2650 metros se divisa todo el lago Llanquihue y el pueblo de Frutillar. El ascenso por una carretera bien asfaltada pero estrecha y llena de curvas nos lleva a su mirador más alto. La vista es espectacular. Compramos los tiquetes para tomar las telesillas que nos llevarán a su cima y esperamos con nerviosismo subirnos en ellas aprovechando su deslizar permanente. Al montarnos nos dejamos caer en la silla y sujetamos con fuerza el soporte que impide que caigamos. Recorremos el trayecto a una altura de veinte metros por encima de la ladera de roca y hielo y nos reímos un poco tontamente. El frio que sube del piso nos tersa la piel de la cara como si fuera un cirujano plástico. Avanzamos sostenidos por las cuerdas unos doscientos metros sintiendo el vacío bajo nuestros pies y descendemos en la primera parada, la única que funciona hoy. Caminamos torpemente sobre el piso de una blancura que enceguece e iniciamos el requisito de la sesión fotográfica: el lago con el primer plano de la nieve, la selfie con la parte más alta de la montaña como telón de fondo, la imagen de la sombra sobre la superficie blanca, los brazos extendidos que señalan alguna dirección. En fin, las poses de todas las tonalidades. La ladera inclinada invita a deslizarse sobre ella. Disfrutamos del frio, del paisaje, de la soledad de la escena y aprovechamos la escasa concurrencia de la tarde para respirar a nuestras anchas el frio de la montaña.

Volvemos a Puerto Varas e invitamos a subir al coche a dos chicos que están en el camino. Son hermanos y aprovechan el día para caminar y ver algunos de los muchos lugares destacados de la región. Vienen de Santiago. Su padre les ha pagado el viaje y es su primera vez en la zona. Descienden en el cruce de la carretera justo a la entrada del parque de Petrohué, a donde arriban con el tiempo justo para alcanzar a visitar los rápidos de agua antes que cierre el parque a las seis de la tarde. Al bajar desean suerte para el equipo de futbol de Colombia en su clasificación al mundial.

Llegamos al hotel a tiempo para el inicio de la cena. Esta noche hay karaoke y los espontáneos se turnan sin cesar, animados por Jeisson de Cartagena, quien hace el papel de presentador de los aspirantes a artistas. Al escuchar nuestro acento nos invita a participar, retándonos al decir que el mes anterior colombianos de Bogotá y Medellín encendieron la fiesta con canciones de Shakira y Carlos Vives. Desistimos de sus intentos por convertirnos en las estrellas de la noche. Nos retiramos escuchando a uno de los pretendientes a cantante, imitar a Sinatra en su inolvidable melodía “A mi manera”. Es un norteamericano y realmente lo hace muy bien. Al alejarnos sentimos la sensación de estar en un casino de las Vegas.

Al día siguiente abandonamos el hotel con rumbo a la Isla de Chiloé. Todos los chilenos que hemos conocido nos hablan de la belleza del sitio, tierra de mapuches. Estamos interesados en visitar una pinguinera de la cual se dice que posee lobos marinos. El día amanece lluvioso y estamos un poco desanimados. Parece que el cansancio de los veinte dias de viaje empieza a hacer efecto. Después de una hora de camino, y antes de abordar un ferry que nos trasladará a la isla, una señora de cincuenta años hace señas para que la llevemos. La mañana esta fría y no tenemos inconveniente en recogerla. Aprovecha que es un fin de semana largo para dirigirse a la isla a visitar unos parientes. El viaje en cada sentido cuesta alrededor de veinte dólares, incluido el coche. Tardamos cuarenta minutos, en cruzar el estrecho; descendemos del transporte y la señora se baja del auto en la primera población que divisamos.

Antes de descender del coche nos indica el camino que debemos seguir para llegar a nuestro destino. Una ruta por la que conducimos durante una hora hasta llegar a una costa habitada por una mañana ceniza, lluviosa y con vientos fríos que soplan con fuerza. En el sendero que acompaña la playa se presentan tres restaurantes y algunas casas desperdigadas a lo largo de una ribera que combina arena y grava. El mar amenaza con olas superiores a un metro, lo cual es muestra que hay serios obstáculos para la navegación. Finalmente, una de las empresas de lanchas, aprovecha que cuenta con un tractor para arrastrar una embarcación a la orillas de la playa, momento en que somos invitados para subirnos en la nave.

El mar no se encuentra tan disgustado como parece y salvamos sin mucha dificultad los cuatrocientos metros que nos separan de los islotes, donde anidan los pingüinos y reposan los lobos marinos. Nos acercamos con cuidado para observar tres pingüinos despistados que están iniciando la temporada de apareamiento con la preparación de su nido. Por lo general son monógamos. Estos animales necesitan demostrar su diligencia en el hogar, para que las hembras consientan en ser su pareja. Una casa bien abrigada y provista logra obtener la aprobación. Por lo general son los mismos compañeros cada año, a no ser que la naturaleza haya ejercido sus efectos. Pero su fidelidad no es producto del romanticismo. Simplemente la hembra selecciona al mejor reproductor y protector y la pareja premiada con la descendencia es aquella que presente excelentes antecedentes. Pero si un macho no se muestra acucioso será desplazado por aquel que muestre una mejor actitud.

El conductor de la lancha nos señala que la escasez de pingüinos en el día de hoy es debida al mal tiempo. No le creemos, por el contrario, pensamos que aún no es temporada de pingüinos en la zona. El turismo vende ilusiones durante todo el año como si la naturaleza fuera un centro comercial permanente abierto y los ilusos, aunque advertidos, caemos en la trampa. Avistamos cuatro lobos marinos que dormitan a orillas del islote sin dar señales de vida. Para ellos el turismo no existe. El temporal empeora y el lanchero decide que es mejor regresar. La excursión ha durado veinte minutos. Nos bajamos a la playa sin mostrar la decepción que sentimos. Al salir de la misma, vadeamos un pequeño arroyo donde unas personas con amabilidad extrema nos indican el mejor sitio para cruzar. Pasado el bache nos solicitan una propina. Nada es gratis cuando se viaja.

Chiloé es una isla con una superficie de nueve mil kilómetros cuadrados, que aloja una población dedicada en gran parte a la agricultura, la ganadería y el turismo. Su actividad agrícola y la preservación de tradiciones culturales a través del trabajo comunitario en el campo son reconocidos a nivel mundial. En su territorio existen varios parques nacionales y poblaciones de diverso tamaño, muchas de las cuales ofrecen como su principal atractivo la fachada de la iglesia. De hecho, existen excursiones dedicadas específicamente al tema de vender la ilusión de lo campechano en el envoltorio de la religiosidad. El turismo religioso es uno de sus productos más promocionados. Nuestra visita se enfocó a visitar la población más importante de la isla, Castro. Una ciudad modesta que no ofrece otro encanto distinto al de ser una comunidad tranquila donde se puede caminar sin mayor tropiezo por calles indiferentes que no dan señales de notoriedad.

Es posible que Chiloé represente para los chilenos una región donde la vida simple y apacible de sus paisajes ofrezca la visión de una sencilla y añorada existencia bucólica, pero a nosotros, extranjeros dedicados durante un día a conocer la isla no nos dice nada diferente a lo que se ve en muchos lugares del planeta. Hasta la vista Isla de Chiloé. Cachai.

Tomamos el camino de regreso para llegar a Puerto Montt, ciudad sin distintivos especiales donde nos espera a la mañana siguiente, el avión que nos conducirá a Puerto Natales.

En casa de Superman

Con un carro de alquiler nos internamos en coche por una Patagonia inconmensurable, terriblemente solitaria, silenciosa, con un paisaje alucinante y misterioso. Los vientos golpean con fuerza el cochecito, pero este imperturbable avanza con decisión. Tardamos tres horas de conducción por esta estepa que en una época no tan remota solo fue accesible para hombres y mujeres de verdad que eran capaces de enfrentarse con valentía a su dureza.

Arribamos al hotel de Puerto Natales guiados por un chofer de taxi que hemos conocido en una gasolinera a la entrada del pueblo. Al escuchar la respuesta a su pregunta de dónde venimos nos dice que un hijo suyo está casado con una colombiana. Parece que en parte se siente nuestro compatriota por tener un nieto de esa nacionalidad. Cuando se despide cuenta que en este lugar alejado del mundo existe una población de colombianos superior a dos mil. Nos parece sorprendente la cifra, con el frio que se respira.

Al llegar al hotel nos instala Margarita, propietaria del pequeño hostal, en un cuarto pequeño, con un baño pequeño. El sitio parece confortable y limpio. La calefacción encendida arropa con su calor, alejando el frio exterior. Después de dejar maletas salimos en búsqueda de una agencia de turismo con el fin de contratar un viaje por las lagunas y glaciares del lugar. Aprovechamos la salida para comprar un mapa y cenar antes que inicie su trabajo la lluvia que amenaza.

La excursión contratada para el día siguiente, señala que su inicio es a las seis de la mañana. A esa hora los cero grados centígrados de temperatura que marca el termómetro, obligan a llamar un taxi para llevarnos al embarcadero del cual nos separa una distancia que no alcanza el kilómetro.

El barco se ve sólido y en su interior se instalan unos cincuenta pasajeros en su totalidad extranjeros que inician el recorrido atravesando el canal Hermann Eberhard en dirección de los glaciares de Balmaceda y Serrano, localizados en el parque nacional Bernardo O´Higgins. El canal lleva el nombre alemán en recuerdo del primer estanciero dedicado a la cría de ovejas en la región. La vista que acompaña el viaje se enfoca en una impresionante cordillera de picos de nieve. El frio también lo es, invitando a permanecer bajo cubierta. En algún momento mientras se reparte un chocolate caliente escuchamos un acento familiar. Otros colombianos nos acompañan en la travesía. Sergio y Andrea jóvenes profesionales con la arrogancia característica de los egresados de la Universidad de los Andes, están realizando un viaje corto por la región. Tienen familia en Santiago y han venido un par de días para conocer este rincón del mundo.

Visitamos en rápida sucesión los glaciares de marras y observamos con derrotismo su resquebramiento y retroceso. Después de finalizar la sesión de fotos, el capitán nos conduce a la estancia Consuelo, de la cual son propietarios los descendientes del alemán que bautizó el canal. Allí estamos convidados a disfrutar de un asado al palo. Nos esperan unos corderos despaturrados que se cocinan al lado de un fogón de leña colgados de un entramado de varas de madera. Nos hartamos de carne rebosante de grasa la cual rebajamos con el vino dispuesto para ello y ensaladas de tomate y lechuga. Dos españoles, José y Begoña nos cuentan durante la comida sus peripecias de viajes. Son vascos y esta es su tercera visita a Chile, país que les encanta y que están conociendo por regiones en sus vacaciones anuales. La pareja con edad similar a la nuestra se muestra tranquila y agradable, ninguno de los dos presume de nada e intercambiamos impresiones y experiencias que nos ayudan a todos.

La excursión es linda, pero como todo paseo llega a su fin. Pronto nos encontramos en el muelle donde los pasajeros nos desperdigamos rápidamente en distintas direcciones, cada cual detrás de sus propias preocupaciones.

Nos encaminamos en busca de un restaurante que nos han recomendado. La "picada de Carlos", es su nombre. En el local atendido camareros colombianos; Ximena de Palmira y Teo de Buenaventura nos confirman que la cifra de compatriotas que conviven en la ciudad no es una exageración. Más de 2200 en una ciudad de 17000. Aquí, la amabilidad natural propia de su terruño es apreciada y encuentran trabajo fácilmente en el área del servicio al cliente. La cordialidad del trato y el respeto por los demás es parte del aprendizaje que les espera. Nos alegramos por ellos, aunque la comida solicitada quedó casi intacta en el plato. La referencia sobre la comida del lugar ha sido un fiasco.

Un nuevo día nos despierta con deseo de aventura. Iniciamos el recorrido y en la primera bocacalle preguntamos a una señora que viene por la calzada cuál es la salida para la costanera. Para nuestro asombro responde que es colombiana, que no conoce mucho porque lleva aquí pocos dias. Salimos del impase y nos da un ataque de risa. Continuamos para dirigirnos en busca de la gruta del Milodón, ancestro del Oso Hormiguero actual, cuya talla superior a los tres metros de longitud no impidió su desaparición hace unos pocos miles de años. La cueva de cincuenta metros de profundidad y quince metros de alto, indica el lugar de refugio de los animales de la época y expresa historias de supervivencia en dimensión extrema.

Avanzamos hacia el parque natural de las Torres del Paine donde la admiración crece con la aparición de la diversidad de paisajes que encontramos en el camino. Independiente de la dirección donde se observe cada mirada encuentra una tarjeta postal. Hay montañas con sus coronas de algodón de azúcar, bosques tupidos y achaparrados, lagos de colores extremos, glaciares inmensos, acantilados profundos, ríos transparentes que discurren en medio de rápidos y cascadas con arcoíris propio, que son acompañados por diversos animales salvajes, naturales de los páramos, que nos miran pasar sin mostrar ninguna emotividad.

Cuando el dibujante Joe Shuste inició junto a Jerry Siegel la producción de la historieta de Superman en la década del treinta del siglo pasado, muy seguramente debió haberse inspirado en el Parque de las Torres del Paine, para dibujar la casa secreta del personaje. Un lugar inaccesible, rodeado de montañas gigantescas cubiertas perpetuamente de nieve, bordeado de glaciares de una belleza inconmensurable.

La casa del superhéroe que cautivó la imaginación de varias generaciones de chicos y adultos nunca pudo tener una mejor imagen que la representada por estas moles de piedra que necesitaron la mano de gigantes y la habilidad de la naturaleza para tallar con precisión infinita una construcción de tal magnitud. Hoy, cuando la vida de esos personajes ha sido casi olvidada por las nuevas generaciones, el Parque de las Torres del Paine sigue cautivando con la sobriedad de lo perfecto y la combinación frugal de colores que se observa en todas direcciones, dejando percibir en la infinitud de imágenes que presenta, la similitud con obras de arte expuestas con delicadeza en este museo natural. En otra época como la casa de Superman y hoy como una de las maravillas de la naturaleza según declaración de algún organismo internacional, es el Parque de las Torres del Paine, un lugar que llama a su visita, con el recogimiento, admiración y silencio que su perfección exige.

Buena parte de acatar esa tarea es realizada por jóvenes con espíritu de aventura que recorren los diferentes circuitos de senderismo habilitados en el parque para mochileros, muchos de los cuales llegan siendo niños y regresan sintiéndose adultos, al probarse con las exigencias físicas y sicológicas de las marchas en condiciones extremas en la alta montaña.

En algún lugar nos encontramos con distintos grupos y todos ellos muestran en su cara la exaltación y el orgullo no solo por la culminación de sus travesías, sino también por el respeto y admiración que les ha generado una naturaleza cautivante por su belleza. Uno de ellos, Pablo, a quien recogimos en el camino, tiene la expectativa de convertirse en guía de alta montaña y se prepara para alcanzar su sueño realizando escaladas en los más diversos sitios donde muestra su hombría y responsabilidad, en su propósito de convertir su profesión en una lectura de amor por la vida y respeto por la naturaleza.

El faro del fin del mundo

Un taxi que cobra tres dólares por una carrera de menos de seiscientos metros, nos conduce al muelle donde realizaremos el ingreso para abordar el barco, encargado de nuestro transporte por el estrecho de Magallanes, en un recorrido de 560 millas náuticas, que durará cuatro días.

En espera por la hora de la partida hemos pasado cuarenta y ocho horas en Punta Arenas, población pionera en la fundación de la Patagonia, donde un cementerio de más de cien años de antigüedad, declarado patrimonio nacional, sorprende con su arquitectura. También con la emotividad que aparece expresada en las lápidas de las tumbas donde los familiares de aquellos que allí despedían revelaron sus emociones. La ciudad atrapa por su orden, limpieza y elegancia, cualidades que le sirven para paliar los vientos de glaciar que la agobian.

A las cinco de la tarde ingresamos al sitio destinado por la compañía del buque para organizar el embarque. De manera rápida nos separan por grupos eligiendo el idioma como criterio. Los ciento treinta y cinco pasajeros de la expedición provenimos de quince nacionalidades distintas. El grupo de habla hispana está representado por chilenos, argentinos, colombianos y españoles siendo solo el diez por ciento de la tropa. De alguna manera la encargada del protocolo de abordaje se ha dado a la tarea de presentarnos. Nos damos cuenta que en el viaje hay una pareja de bogotanos quienes al observar que somos compatriotas nos miran por encima del hombro con desconfianza manifiesta, alejándose a la primera oportunidad de nuestro lado sin mostrar ninguna discreción. Ese comportamiento lo mantienen durante todo el viaje.

Esta actitud, propia de los colombianos la viví por primera vez hace cuarenta años en mi primera salida del país y me doy cuenta ahora con tristeza, que aún perdura en la época actual. El mundo de ahora aparentemente tan diferente al de entonces, no ha modificado en muchos colombianos la actitud de creerse superiores a los demás, basada en una escala de valores en la cual el estrato social en el que se nació o en el que vive, nos genera la sensación de pertenecer a un linaje superior. Por comentarios de jóvenes que viven en el extranjero con los cuales mantengo contacto, se con certeza que esa actitud persiste, haciendo de los nacionales de este país, un caso atípico en Latinoamérica.

Uno observa que brasileros, argentinos o mexicanos, cuando se encuentran con un coterráneo, en el extranjero, se saludan con cordialidad propia de quienes se sienten cobijados por la misma selección de futbol. No pasa igual entre los colombianos como si dicha actitud fuera parte de su idiosincrasia. Pareciera que trescientos años de colonia, doscientos de república y sesenta de guerra han servido para construir en naturales de este país una nacionalidad cargada de prejuicios, donde el vecino no corresponde a la estatura racial, material o intelectual que todos consideramos poseer.

Por eso pienso que la tan perseguida paz nacional no se alcanzará mientras en la sociedad colombiana, continúe la mentalidad de querer interactuar solo con quienes consideran están a la altura de su linaje o de quienes se espera obtener algún provecho material. Con decepción intento durante todo el viaje no pensar en ello y trato de convivir amablemente con otros pasajeros en este pequeño y cerrado entorno que compartiremos durante los siguientes días.

Ya instalados en los camarotes asignados, somos invitados por los altoparlantes a subir a cubierta para observar cómo se alejan en la distancia, las luces de un país cargado de belleza, del cual nos llevamos la mejor de las impresiones. "lorara", decimos a modo de despedida.

Se inicia la vida a bordo y la recámara asignada deja percibir a través de un ventanal que va del piso al techo, la visión de un mar que nos persigue. Por los altavoces de los pasillos y habitaciones, recibimos el llamado para dirigirnos a las distintas cubiertas del barco. Hay tres y la nuestra que se conoce con el nombre de sky, se encuentra en el mismo piso donde nos han alojado. Siento que es una premonición del buen clima y cielos azules que nos acompañarán en el viaje. El tiempo me dará la razón. La primera reunión es corta, básicamente para dar las directrices de cómo comportarnos en el barco, el horario de comidas, las maniobras a realizar en el caso de una emergencia, la forma de utilizar los chalecos salvavidas, e ilustrarnos sobre las distintas excursiones que realizaremos en los próximos dias. La conversación con una duración inferior a media hora da paso a la primera cena del crucero.

Nos han asignado la mesa treinta y dos, donde encontramos a nuestros compañeros obligados de travesía, con los cuales compartiremos las próximas once comidas. Frente a nosotros se encuentra una pareja de argentinos, Sandra y Reinaldo. Ella rubia teñida, delgada, chispeante, con el acento característico del porteño se siente anfitriona y toma la vocería del grupo. Aparenta unos cincuenta años y muestra la seguridad de aquellos que han viajado por el mundo. Su pareja, un poco mayor, de barba incipiente, de escaso pelo más blanco que negro, se presenta tranquilo, sosegado, reconociendo de manera tácita que quien lleva las riendas de la relación es su esposa. Se ve que se encuentra bien domesticado. Más tarde nos enteramos que viven en Buenos Aires, donde son dueños de una farmacia, tienen tres chicos y la procedencia italiana de ambos, les ha permitido conocer Sicilia y viajar un poco por Europa. Complementan la mesa un par de chicas, solteras ambas, de unos cuarenta años. Valeria de ojos verdes, suiza, trabaja como azafata desde los veinte en la compañía aérea de su país. Margarita, chilena, colabora como geógrafa en la Secretaría de Transporte Vial en Santiago. Finalizada la presentación, rápidamente entramos en calor aprovechando el vino de la primera copa e intercambiamos afablemente impresiones sobre el viaje y las expectativas que el mismo nos genera. Esa noche nos retiramos pronto aduciendo que es necesario terminar la instalación.

Ya en la habitación, después de acostarnos, el ruido del motor, el frio que se cuela a través del cristal de la ventana que permanece descubierta y el brillo de las olas sobre la noche oscura, no me dejan dormir. El mar impresiona con su negrura y el sentimiento de cruzar por un estrecho, donde hace tan solo quinientos años, hombres temerarios realizaron el mismo viaje, pero sin las seguridades actuales, me hacen reflexionar sobre los contrastes de las vidas humanas separadas por una fracción de tiempo.

A la mañana siguiente revisamos el programa de excursiones diarias que tienen programado durante el viaje. La nave tiene dispuesto una serie de salidas en las mañanas y en las tardes, para que los viajeros rompan con la monotonía de la navegación. Las excursiones de distinto grado de dificultad, se realizan en botes tipo Zodiac, embarcaciones ligeras construidas en neopreno de alta densidad, que tienen un motor fuera de borda de 50 caballos de fuerza. Su descenso al mar se efectúa mediante un sistema de poleas. El abordaje de estas embarcaciones en realidad no representa mayores riesgos y en los once años que lleva de navegación el barco, nunca se ha presentado un inconveniente. No obstante, se tienen adoptadas todas las medidas de prevención posibles para superar con éxito una emergencia en el caso de algún percance.

Algunos viajes ofrecen más atractivos que otros: observar los pingüinos, caminar cerca de un glaciar, guardar la expectiva de encontrarse con castores o descender en el mítico Cabo de Hornos, son motivaciones suficientes para participar de cada visita. Todas las salidas son guiadas por jóvenes que se esmeran por despertar en los pasajeros interés por la protección del ambiente y empatía con el destino de los aborígenes que desaparecieron con el arribo del hombre blanco, lo cual condujo al colapso y desaparición de su modelo de vida. En un viaje como este los pasajeros, en su mayoría descienden a las lanchas con entusiasmo, generando en cada uno la adrenalina suficiente para romper la rutina del ascenso y descenso por las escaleras del buque en dirección al comedor o al bar en las horas indicadas.

La travesía ofrece hermosos paisajes y la tripulación cuenta que por esta vez tenemos un tiempo inusual y un poco atípico. Para esta época del año, no se presentan movimientos extremos y el barco se desplaza sosegadamente por el estrecho, dejando en los pasajeros la sensación agradable de estar navegando en un lago. Nos hablan de un tiempo perfecto para la travesía. El invierno que ha finalizado hace poco, aún no permite vientos que produzcan mayores movimientos del mar, permitiendo que los viajeros puedan visitar los puentes de la embarcación con calma. No obstante, el aire gélido que circula, se pueden tomar las fotos que el viaje exige aprovechando el débil sol primaveral.

Durante el recorrido van apareciendo distintos personajes, con la especificidad, la diversidad y el interés particular propio de cada uno. Una familia chilena con padres ya entrados en años, acompañados de sus dos hijas mayores disfrutan con entusiasmo todas las actividades planeadas. Dos pilotos argentinos, Jorge y Nicolás de 60 y 74 respectivamente, combinan el crucero para relajarse y hacer negocios. Ambos tienen en Chaltén, Argentina, una pequeña empresa dedicada a realizar vuelos de servicio turístico sobre la región glaciar andina. Aun cuando la compañía dice tener dos pilotos, Nicolás con problemas de corazón tiene prohibido volar y está retirado. Cuenta historias sobre su juventud y su anhelo de volar desde joven ya que su madre también fue piloto. Se ve tranquilo y disfruta del viaje y de la vida, con la certeza de saber lo fútil de la mayor parte de las empresas que el ser humano emprende. Por su parte, Jorge, pirata del aire por vocación, se vanagloria de haber hecho un viaje de Buenos Aires a las islas Malvinas con una avioneta cesna monomotor, hazaña que los convirtió en héroes por la distancia salvada en condiciones que nadie había hecho antes. Hacemos buenas migas con ellos y al saber que vamos a estar en Calafate nos invitan a visitarlos a Chaltén para pasear en su avión. Solo doscientos kilómetros separan ambas poblaciones, pero los días que pueden invitarnos no coinciden con nuestra permanencia en el sitio. Otra vez será, por esta ocasión no tendremos la oportunidad de ver los hielos patagónicos desde el aire. De España nos acompañan dos chicas de Toledo que a la más leve oportunidad muestran la altivez de su temperamento, protestando vehemente por la menor situación con la que no estén de acuerdo.

Una de las parejas más populares del viaje, por su apariencia, pero también por la amabilidad y sencillez que transmiten son Joseph y Lourdes, chinos norteamericanos de edad avanzada, médicos ambos, que tienen una fundación propia en Houston, donde realizan exámenes clínicos sin costo a personas de escasos recursos. Los conocimos por casualidad, en la madrugada de una de las mañanas que salimos a cubierta y ellos aparecieron a tomar las fotos del amanecer en el arribo a Cabo de Hornos. Son las únicas personas con las que compartimos una foto antes de descender del barco al finalizar el crucero.

El tiempo en el viaje transcurre entre los descensos al comedor, las salidas en las lanchas y el descanso en las habitaciones o en las cubiertas dispuestas al aire libre en el barco. Uno de los lugares de mayor aceptación es por supuesto el bar que funciona en el quinto piso. Allí, Claudio el Barman y meseros como Rodrigo, se esmeran en preparar una gran diversidad de cocteles. El bar es abierto y funciona durante todo el día hasta las once de la noche. Claudio, me aconseja que para soportar mejor el frio y dormir bien en la noche es recomendable tomar un licor llamado Fernet. Ofrece dos tipos. Uno, elaborado en Chile que tiene 28 grados de alcohol y otro argentino un poco más fuerte de 39 grados. Me da a degustar ambos, pero me advierte que no debo pasar de la dosis recomendada para no tener un mal momento en el barco. El licor tiene un tono amargo con un sabor ligero a hierbas, pero un tintero doble es bastante pasable. Me tomo una copa de cada uno de ellos y me voy a dormir sosegadamente desconociendo el movimiento del barco producido por el fuerte oleaje de la noche.

El día tan esperado de la visita al Cabo de Hornos llega finalmente. En esta ocasión en principio, la tripulación nos informa de las dificultades que se pueden presentar al momento del desembarco, producto de las cambiantes condiciones climáticas del lugar. Recibimos instrucciones precisas y especiales que indican que solo en caso de producirse las mejores circunstancias de tiempo se descenderá en el cabo. Uno de los principales momentos del viaje consiste en pisar tierra en este mítico punto del planeta, el más austral del mundo. El sitio que inflamó la imaginación de muchos marinos y a tantos más los condujo a la muerte, produce en los pasajeros una ilusión difícil de ocultar. Así que debemos sentirnos afortunados si en este crucero logramos bajar en el famoso cabo. Parece ser que no en todos los viajes se tiene la fortuna y pienso en la decepción que debe generar llegar tan lejos para no alcanzar el objetivo. Este día en particular nos levantamos al alba para ver el amanecer. El sol que semeja la sangre de un toro cuando lo pinchan, salta de repente derramándose en el horizonte, indicando que los dioses del viento parecen favorecer el descenso.

A la hora estimada se inicia el arribo a la playa en las embarcaciones dispuestas para ello. Mas que nerviosismo se nota cierta excitación que se traslada a la orilla del empinado acantilado, donde arribamos y emprendemos la lenta caminata de los ciento cuarenta y siete escalones de madera dispuestos en la ladera para llegar a la cima. En la cumbre caminamos a través de unas plataformas de tablas que nos dirigen a los puntos más relevantes de la isla: un monumento que señala la posición del cabo, el faro que ni siquiera es el del fin del mundo y la casa donde vive con su esposa y dos hijos pequeños un teniente de la marina chilena que se somete a la penitencia de un año de soledad, como mecanismo promocional de su carrera militar.

El sitio carece de árboles y está cubierto por hierba cuyo crecimiento es favorecido por las lluvias. La temperatura promedia anual de cinco grados centígrados, el viento que oscila entre los treinta kilómetros por hora con ráfagas que sobrepasan los cien kilómetros, sumado al efecto de los rayos ultravioleta que atraviesan el agujero de la capa de ozono, son fenómenos que se presentan durante todo el año, logrando unas condiciones de vida casi extremas, hasta tal punto que la casa de habitación se encuentra comunicada interiormente a través de un túnel con el faro.

El Cabo de Hornos, uno de los hitos marítimos más peligrosos del globo terráqueo es conocido entre los marinos por el fragor de los vientos que prevalecen en las latitudes por debajo de los 40º sur: los *cuarenta rugientes,* los *cincuenta furiosos* y los *sesenta aulladores*, es la forma coloquial como son denominados por los temerarios que se enfrentan a semejante desafío. Los marinos que logran cruzar en solitario el temido cabo conforman una fraternidad especial que muy pocos en el planeta tierra comparten.

En la tarde, el crucero que a estas alturas marítimas avanza de este a oeste recorre la ruta de los numerosos glaciares de una autopista marina. La primera parte del recorrido estoy en el camarote. La música ambiental del barco coloca la canción de los Chalchaleros, "*zamba de mi esperanza, amanecida como un querer, sueño, sueño del alma, que a veces muere sin florecer*" y pienso que no podría existir fondo musical más apropiado, para acompañar el espectacular paisaje argentino chileno que cruzamos.

Decido subir a la cubierta cinco, donde pasajeros de las diferentes nacionalidades en el barco celebran con entusiasmo cuando la nave supera el glaciar que lleva el nombre de su país. Me parece que es el momento para descargar la adrenalina acumulada en la travesía. Por supuesto no hay un glaciar con el nombre de Colombia, pero no es obstáculo para acompañar a los demás viajeros en su euforia.

A la mañana siguiente arribamos a la ciudad de Ushuaia, donde el frío proveniente de los nevados que la rodean congela las expectativas que genera la vista de un poblado encallado entre el mar y las montañas cubiertas de nieve.

En la tierra del fuego

La palabra Aia en dialecto tehuelche significa bahía, sufijo que distingue la población de Ushuaia, ciudad portuaria argentina sobre el extremo sur del Atlántico, que tiene como característica principal por ser conocida como la población donde se encuentran las cosas del fin del mundo. Lugares como el penal del fin del mundo, el tren del fin del mundo, la ciudad más austral del mundo, el faro del fin del mundo, etc, etc, son referencia que ciertas o no brindan al viajero un imaginario de aventuras. Para infortunio nuestro la información sobre la calidad de su capacidad hotelera en esa población de las tres efes, fría, fea y falduda, no ha sido confiable.

En particular tenemos la mala fortuna de haber elegido un hotel que más bien puede calificar como hostal. Su calidad se aleja diametralmente de lo ofrecido en la página de internet. El hospedaje responde al nombre "Mónaco", que por supuesto no refleja de modo alguno la belleza de ese principado. Por el contrario, en una categoría especial, fácilmente podría competir con ventaja para alcanzar el premio del más feo del fin del mundo en esta ciudad de calificativos similares.

La decepción por la falta de comodidades que encontramos nos apremia a descargar el equipaje y salir de prisa buscando de esa manera asimilar los efectos desagradables de tamaña decepción.

Bajamos a la recepción para indagar información turística del lugar, solicitud que la chica del mostrador traduce en paseo al parque nacional de Lapataia, casa del tren del fin del mundo. Le pedimos a la chica que nos atiende el favor de llamar un taxi, pero ella responde que más pronto lo conseguiremos en la calle. Caemos en la trampa, caminamos seiscientos metros con una temperatura ambiente de tres o cuatro grados centígrados y cuando estamos a punto de congelarnos y desistir en el empeño, de súbito, se abre la ventanilla de un vehículo estacionado en la calle y una voz del interior pregunta si necesitamos un taxi. Ateridos nos subimos al carro sin preguntar nada con rapidez.

José es su conductor y le indicamos el lugar hacia donde queremos dirigirnos. Muy dispuesto se propone colaborar. El siguiente paso es ofrecer sus servicios en la Isla del Fuego. Lógicamente a precios oficiales y de manera notoria nos da a conocer sus ventajas. Disponer a nuestro antojo de un vehículo con conductor que además puede servirnos de guía.

Nos dirigimos al parque indicado y el chofer nos deja en la estación del tren del fin del mundo, señalando su compromiso de esperarnos al término del recorrido. El viaje en el tren combina el entretenimiento con la asfixia. El vehículo que parece una calesita es diminuto. La locomotora a vapor de origen inglés llamada Camila, realiza el recorrido de ocho kilómetros en una trocha de 50 centímetros de ancho, diez menos que el original. Durante el trayecto un guía, narra la historia del trencito, contando que fue usado por la penitenciaria del lugar como medio de transporte de mercancías, concretamente leña.

El pequeño tren discurre con paciencia por su caminito y en su andar zigzaguea con lentitud a través de un paisaje de lagos y bosques con árboles escasos. En su interior, producto de la calefacción infernal y las ventanas selladas, los pasajeros sudamos en este pony de acero como si nos encontráramos en el trópico. Nos bajamos dejando atrás un calor extraño que no corresponde al lugar, para encontrarnos con José que nos espera con paciencia con el fin de conducirnos por el parque y llevarnos al kilómetro cero de la parte austral de la isla Tierra del Fuego, recorriendo la ruta 3 de la carretera que atraviesa toda América desde Alaska hasta la Patagonia.

La amabilidad y conocimientos que demuestra José nos da confianza para quedar con él, al siguiente día. Al descender del vehículo observo que diagonal al hotel, hay una agencia de turismo donde alquilan coches. El negocio es atendido por Constanza, rubia artificial que al enterarse de mis intereses turísticos me ofrece una promoción económica difícil de rechazar: un coche de marca Peugeot 308, modelo 2015, por solo 65 dólares.

El coche de color blanco, al que no le cabe una gota de polvo adicional, nos sirve durante dos días para desplazarnos por la isla Tierra de Fuego y visitar diversos ángulos de la misma. La villa de las cotorras, restaurante con alquiler de trineos jalados por perros, donde un centenar de Huskies se aburren frente a sus casitas por falta de oficio, debido a que la temporada de invierno ha finalizado y les espera un largo periodo de ocio. El lago escondido, donde una nevada tardía de primavera nos obliga a buscar refugio en el restaurante de Orlando, oriundo del lugar, que nos invita a consumir unos chorizos de treinta centímetros propios de la casa, acompañados de un vino tinto de la región. El lago Fagnano en su extremo norte, al cual arribamos después de sesenta kilómetros, nos sorprende con un complejo hotelero de cabañas en madera muy elegantes y piscina climatizada, en el pueblo desolado de Tolhuim. El restaurante "la Sirena y el Capitán", estancia de seis por seis metros, cuidadosamente decorada con cinco mesas de cuatro sillas, manteles floridos adornadas con centros de mesa con flores artificiales, ubicado en el puerto de Almanza sobre el canal Beagle, famoso por sus platos de centolla. Aquí, Alejandra, empleada temporal nos invita a consumir empanadas, mientras un motociclista de Buenos Aires degusta una cazuela de mariscos.

Ricardo que es el nombre del dueño de la motoneta, disfruta la carretera y su actividad de viajero la realiza con frecuencia. Durante esta marcha ya lleva recorridos tres mil kilómetros en una semana de ruta. Intercambiamos impresiones del viaje sintiéndonos compañeros de aventuras y anhelos comunes. Nos despedimos con un abrazo afectuoso deseándonos suerte mutua.

La soledad de la Patagonia atenaza. Se observa en todos sus rincones la dureza del clima y la agresividad del paisaje. Es una tierra que permite a los retraídos encontrar un refugio para esconderse, pero no es lugar para temerosos. Es notorio que la vida aquí se construye paso a paso a tal punto que el realizador de la película "El renacido" logró su culminación en este sitio cuando las condiciones extremas de invierno que pretendía mostrar como símbolo de resistencia frente a la adversidad, no las encontró en su momento al norte de Canadá. Pasear por sus bosques en primavera naciente, deja percibir la rudeza de su periodo más crudo y su belleza salvaje cuando asoma el verano. Definitivamente no es un sitio para débiles.

Una visita a Tierra del Fuego no está completa sin pasar a saludar pingüinos, cormoranes, alcatraces y lobos marinos dispuestos para las fotografías en sus vitrinas a lo largo del canal Beagle, refugio de culturas ancestrales entre ellas la perteneciente a la tribu Ona Chagas que reconocían el sitio como bahía de cazadores. Otro faro, también llamado del fin del mundo aparece en el camino para confundir a los incautos. El viaje en el barco es tranquilo y da tiempo para conocer algunas personas entre las que destaca de lejos una señora de 83 años que ha venido acompañada de su hija Martha.

Elva, más conocida en Villa de la Angostura, su ciudad de residencia, como Tita Barrientos se jubiló prematuramente por enfermedad, motivo que no representó ningún obstáculo para que en los últimos años se haya desempeñado simultáneamente en los oficios de maestra de adultos, cuidadora de perros. También, colaboró como locutora de radio durante la noche, en programas de asistencia social. Nos admira sus ganas de vivir, su lucidez y la alegría que demuestra.

Finalizamos el día con el ascenso al glaciar Marcial en la parte alta de la isla. La caminata en una pendiente de alpinistas que desafía pedalistas de alta montaña, culmina con la alegría de alcanzar la meta que permite observar un glaciar en retirada. Nos despedimos de Ushuaia y del hotel que nos tocó padecer con la promesa de no volver a pisar un puerto que recoge todo el desorden posible de un país al fin del mundo.

Ilusiones humanas

La llegada a El Calafate va acompañada de una sensación de inseguridad al pensar si esta vez tendremos más suerte con el hotel. Por esta ocasión, nuestras expectativas son superadas y encontramos un alojamiento amistoso muy cerca de la calle principal del pueblo. Aprovechamos la circunstancia para dirigirnos en búsqueda del tan promocionado tour de la estancia Cristina.

La finca Cristina levantada por un inglés de apellido Masters inició su existencia a principios del siglo veinte en un lugar rodeado de glaciares y picos nevados. El alzamiento de dicho emporio comercial, hoy en manos de Parques Nacionales, da ejemplo de una era donde existían hombres y mujeres capaces de enfrentarse con tenacidad y esfuerzo a una naturaleza adversa, para construir tamaña empresa con base en la fuerza del carácter y la solidez del temperamento. Hoy, en un mundo distinto, las estancias como esta son compradas por multinacionales en la búsqueda permanente de la máxima rentabilidad y son manejadas a la distancia a través de administradores, que desconocen la rudeza de sus condiciones.

En la mañana elegida, abordamos un barco que lleva el mismo nombre. La embarcación tipo catamarán, aloja bajo cubierta aproximadamente setenta pasajeros que muestran en sus facciones la excitación natural de aquellos que por primera vez se enfrentaran a un glaciar. La navegación inicia su marcha con la advertencia por parte de Juan, el guía de turno, sobre la posibilidad de movimiento excesivo de la embarcación, producto de los vientos de la mañana. Se reparten bolsas para el mareo y se recomienda mantenerlas a la mano, además de utilizar los baños en caso de emergencia ante alguna indisposición. El aviso sirve para que el color de la piel de buena parte de los pasajeros se torne ocre, como premonición del mareo y las náuseas que sufrirán durante la travesía. Un poco más tarde, la mitad sufrirá las consecuencias del oleaje atestando los baños de la embarcación.

Nosotros imperturbables ante los malestares de los compañeros de viaje, aprovechamos para conversar con Katya, una chica rusa que se encuentra sentada en nuestra mesa. Cuenta que viaja con sus padres y es su primera vez en la Patagonia. Juan que se encuentra cerca, interviene en la conversación para decirnos que ha viajado por Rusia durante seis meses aprovechando el tren siberiano. Pienso inmediatamente en Miguel Strogoff y mis deseos de imitar a Juan y a ese correo del zar en su viaje de aventuras del siglo diecinueve.

Desde la nave se vislumbra a lo lejos el glaciar Viedma y más cerca los témpanos de hielo de azul fosforescente que circundan la embarcación. La ilusión de ver el glaciar cerca, en la excursión por tierra de la tarde, es excusa suficiente para superar las incomodidades del oleaje producido por los fuertes vientos que acompañan la travesía.

Llegamos a la estancia y nuestra primera parada es el restaurante. Para variar una vez más, el almuerzo es carne de cordero; en esta ocasión ha cambiado su cocción, por primera vez es guisada. Finalizada la merienda y posterior a una visita relámpago a conocer en un remedo de museo la historia del lugar, emprendemos la travesía en unos camperos adaptados como camioncitos de doble trasmisión, los únicos que pueden llevarnos por un camino de trocha, que nos acercará desde la cabaña al glaciar esperado.

Ascendemos con lentitud bordeando la ruta con dificultad esperando que las llantas logren mantener su contacto con el camino, alejando el vehículo del barranco del cual tan solo lo separa un suspiro. Con el aliento contenido avanzamos de esa forma hasta encontrar el paso interrumpido por un enorme árbol conocido con el nombre de Lenga, de casi cuarenta metros de alto y más de un metro de diámetro que en el día de hoy precisamente, agotó su resistencia ante un viento que lo ha acosado en sus doscientos años de existencia y hoy no le dio más tregua.

Después del desconcierto inicial de los guías, las bromas para disipar la decepción y las fotos frente al gigante derribado, la visita cambia de rumbo y modificamos de destino para conocer las ruinas del barco original de la estancia llamado también cristinita. La nave construida con madera de la región, es un monumento a la ingeniería naval siendo ensamblada por neófitos cuya única formación consistió en seguir las instrucciones de la revista Mecánica Popular. El bote igual a la estancia, llevan el mismo nombre como homenaje a una de las hijas del matrimonio que murió de meningitis en el lugar, a la edad de 12 años.

Atrae la atención, la habilidad de los pioneros de la Patagonia capaces de construir un bote de tal tamaño, con herramientas poco especializadas, en condiciones extremas y siguiendo las instrucciones poco precisas de una revista genérica. De igual forma resalta la constancia y empeño para esperar con paciencia infinita durante dos largos años, el motor necesario que fue importado de Chicago.

El navío construido con madera nativa caracterizada por su densidad, hundía su proa al navegar producto del peso material usado, motivo por el cual necesitó de contrapesos en la parte trasera para desempeñar con propiedad el papel asignado. Ahora, cincuenta años después, encallado en una de las playas de la hacienda, espera con altivez que el clima y el tiempo finalicen su tarea de desmembrar las últimas uniones de su armazón.

En la actualidad la estancia Cristina que forma parte del patrimonio nacional, recuerda algunas de las estrofas del famoso poema argentino Martín Fierro, escrito por José Hernández en 1872.

"*Yo he visto muchos cantores con famas bien obtenidas*
Y que después de adquiridas no las quieren sustentar

Parece que sin largar se cansaron en partidas".

Los versos del poema escritos hacen más de cien años describen perfectamente la situación actual de la estancia Cristina.

Muy cerca a la anterior se encuentra un hito de los glaciares del planeta: el famoso "Perito Moreno", nombrado de esa forma en honor de un científico argentino del siglo antepasado que no alcanzó a conocerlo, pero que, en una carta suya muy recordada, dirigida a sus hijos al final de sus días, muestra la tragedia de aquellos destinados por el azar a los oficios de la ciencia. Desaparecer en la pobreza y con reconocimiento tardío. Nada nuevo bajo el sol para quienes deciden avanzar por ese camino durante la vida.

El glaciar del cual se ha escrito todo, aturde. Su brillo impresiona, el destello de sus tonos azules encandila y emociona dejando en quien lo visita la sensación de estar al límite de la última frontera. Las imágenes previas al hecho de encontrarse frente a frente con este gigante palidecen ante la realidad. Caminamos embelesados por la ilusión hasta encontrar en las barandas de los balcones dispuesto para la observación del glaciar, a una pareja de halcones salvajes que posan sin recato ante las cámaras fotográficas de los turistas que las admiran con inquietud y sorpresa. Apreciar ambas naturalezas en el mismo tiempo y lugar, una inerte y otra pletórica de vida no como un artificio montado para la ocasión, sino de manera espontánea, da pie para agradecer la oportunidad de ese instante.

El pueblo de El Calafate sorprende por su belleza estética y ascética. Las viviendas se encuentran dispersas al borde del Lago Argentino que le da a la región una imagen apacible, bella y fría. La vista incapaz de ser captada por un aficionado a la fotografía, lo único que permite es regocijarse con el éxtasis de esta obra de arte de la naturaleza. Muy cerca de la villa, un museo recuerda la importancia de los glaciares adoptando como lema un tono paternal propio de la especie humana para evitar su desaparición. Produce asombro que los sentimientos del hombre continúen dirigidos a pensar que puede preservar un planeta capaz de protegerse solo, desconociendo el respeto y trato que merece.

Cuando el avión se despide de la región, el glaciar Viedma, el de mayor extensión, adorna el horizonte semejando la joya de la corona en esta diadema de brillantes del Campo Patagónico Austral cuya superficie de 13.000 kilómetros cuadrados de hielos permanentes, la hace ocupar el tercer lugar en el mundo en extensión, siendo recorrida pero nunca rendida por valientes exploradores que han dado lustre a sus expediciones con el descubrimiento de más de 200 glaciares, muchos de los cuales retroceden inexorablemente sin que nada pueda detener su extinción.

Los montañeses de la llanura

Alquilar un carro en el aeropuerto a la llegada a Mendoza no parece la decisión más acertada para movilizarnos por una ciudad de la cual desconocemos todo. La experiencia parece darnos la razón. La empresa argentina con la cual hemos realizado la reserva de internet después de dos horas de espera, se niega a validar la tarjeta de crédito que ampara el alquiler. Una situación así de desconfianza es propia de los lugareños y da cuenta de su temperamento cerril. En cuestión de cinco minutos solucionamos el impase con otra agencia internacional de renta de autos y emprendemos de noche el lento camino al hotel, en una ciudad de indicaciones escasas. De milagro, en medio del laberinto de la ciudad encontramos el lugar.

El principal motivo para conocer este sitio es visitar la base del Aconcagua considerada la montaña de mayor elevación de América. La visita al lugar exige un recorrido superior a los doscientos kilómetros por un paisaje desértico donde la ruta para encontrarlo bordea el lecho de un río seco dentro de un acantilado similar al que presenta el glaciar Perito Moreno. Como si fuera un hermano bizarro, su formación no se realizó con agua congelada e intensamente comprimida, sino con la combinación de roca y arena sometidos a los mismos esfuerzos.

La belleza del lugar es adornada por una cordillera de tonos multicolores que combina desde el ocre intenso del ágata hasta al verde sutil de un crisolito. El marco es perfecto para admirar de lejos la imponencia de una montaña, reto obligado de alpinistas que han visto descender su altura en ciento cincuenta metros en los últimos cuarenta años. Lo usual en la naturaleza, hasta gigantes de roca y hielo se encogen con la edad.

Las tres horas de recorrido, incluyendo el desconocimiento de la ruta, concluyen con una visita de quince minutos, atrás del límite permitido para los vehículos en el parque nacional donde se ubica la montaña. La restricción impuesta por la naturaleza para la visita, es producto de las ráfagas de viento helado que advierten a los visitantes de las condiciones extremas del lugar y las exigencias del cerro para un encuentro más cercano.

Al día siguiente el cansancio del viaje acumulado empieza a hacer mella, Decidimos hacer la travesía por los viñedos de la región en un recorrido guiado. Hugo, mendocino con demasiados años en esa labor, muestra en su cara la experiencia de acompañar a los turistas en el proceso de degustar el producto de las bodegas. Con su conversación ligera intenta ser amable y jocoso. A la hora indicada nos recoge en un autobús donde instruye a los viajeros sobre las bondades del vino y la forma precisa como debe consumirse. A nuestra conveniencia decide que nuestra visita se centre en dos destilerías. las bodegas de Chandón y Tapiz.

La primera, elegante y sobria en medio de un jardín de ingreso que combina con precisión simétrica rosales y viñedos es dirigida por Carla. La chica con el guión bien aprendido cuenta que los vinos espiritosos que allí se producen son una mezcla de cepas Chardonnay y Pinot Noir. La excelente memoria que exhibe al recitar de manera somera la forma como se realiza todo el proceso, desde la extracción hasta su embotellado final, va acompañada de anécdotas simpáticas para referirse a la procedencia de nombres de champanes famosos como Dom Perignon o viuda de Clicqout. Su discurso puntual y aséptico, deja la impresión de estar escuchando una grabación agradable, con detalles exactos sobre la producción de la bodega que alcanza los quince millones de botellas al año. Finaliza su conferencia presentando de forma clara los pasos necesarios que debe realizar un fulano cualquiera para disfrutar la experiencia del vino y convertir un hecho cotidiano en un ritual. Carla tiene claro cuál es su papel en la empresa y no se aleja una sola línea del guión trazado.

La siguiente bodega más agreste y de menor tamaño, construida originalmente por norteamericanos se encuentra en proceso de convertir su producción en referencia orgánica siguiendo la corriente del momento. Aquí encontramos a Peter, brasilero de Rio de Janeiro. Mendocino por adopción y expatriado de su esposa por decisión de su exsuegra, según el mismo cuenta. Peter es un iconoclasta que rompe todos los principios del vendedor. A diferencia de lo enseñado por Carla, sus reglas para beber vino, son sencillas. La primera, el deseo de hacerlo, la segunda tener una buena compañía y la tercera mucho menos importante pero que no se debe desestimar, acompañar la comida. Lo demás indica, obedece a todo un ritual ensamblado por aquellos con ínfulas de expertos que quieren convertir un acto natural y ancestral en un proceso válido solo para entendidos.

Comenta para demostrar su punto de vista, que ha realizado experiencias donde ha embotellado vino económico comprado en algún supermercado de barrio, en botellas de marca reconocida, que hace degustar a amigos entendidos, que encuentran virtudes distintas, cada vez más exóticas, dependiendo del valor de cada una de los envases. Reconoce, según demuestra en la cata que hacemos durante la visita, que el vino si tiene diferentes calidades, producto de muy diversas causas, pero intenta dejar claro que lo más importante al beber, es saborear el momento de cada botella, de una forma similar como se disfruta de la compañía de otra persona sin importar que sea la más brillante o hermosa. Enfocarse en lo importante y no perderse en detalles irrelevantes tiene la misma validez para beber una botella de vino que para vivir una vida plena.

En la tarde decidimos visitar la ciudad en autobús urbano, para lo cual tenemos la fortuna de encontrarnos con Edwin un peruano que lleva un año trabajando en Mendoza como chef. Sus indicaciones nos sirven para llegar al parque General San Martin, que encontramos poco atractivo. Allí su principal encanto consiste en un lago que enseña dudosas condiciones de limpieza y una superficie carente de embarcaciones que alegren la mirada en el verano incipiente. Un lugareño, vendedor de helados, comenta sobre el deterioro del parque y la orfandad municipal que lo acompaña.

En Argentina el nombre de San Martín es recordado a cada vuelta de esquina. Es el Bolívar regional. Pensando en la importancia histórica de ambos personajes nos interrogamos sobre la capacidad que tiene la educación para traspasar fronteras. Queremos saber si un joven de la región reconoce el nombre de Simón Bolívar y le preguntamos a la chica de la recepción del hotel donde nos alojamos. Responde que no está muy segura, pero cree que Bolívar fue un historiador; estamos convencidos que lo mismo sucederá en cualquier país distinto si se pregunta quien fue San Martín.

La provincia de Mendoza tiene más de 1200 bodegas, convirtiendo la región en la mayor productora de vinos en Argentina. No obstante, la dificultad de los prejuicios en el proceso de la cata, hace del negocio una empresa riesgosa, aun cuando se encuentra exento de impuestos. Pese a todas las dificultades del mercado, las bodegas venden su producción anual, unas con mayor éxito económico que otras.

La ciudad presenta una transición entre antigua y moderna; una autopista con escasas señales indicadoras la atraviesa de sur a norte dejando diseminado a sus costados los distintos barrios que se confunden en una mezcla de atildamiento y chabacanería. Como dice Peter, el brasilero, su gente vive en una llanura árida, pero mantiene el espíritu cerril de montañeses amparados quizás por la influencia de la cordillera que la bordea. De hecho, cinco picos conocidos en el argot general como los seis miles y muchos otros solo un poco menores, conforman el cordón de plata de la localidad donde los glaciares de estas montañas se constituyen en el segundo reservorio de agua dulce después del patagónico, destacando entre ellos el volcán Tupungato cuyo domo visible desde Mendoza se aproxima en altura al Aconcagua.

Volvemos al aeropuerto en el coche de alquiler que cumplió el papel básico asignado en su renta. Adiós Mendoza.

La independencia de la Pachamama

La llegada al hotel de Salta, capital de la provincia del mismo nombre, con una población cercana a las seiscientas mil personas, nos hace pensar que esta región es otra argentina. El acento de su conversación tiene la misma música, pero el tono de su piel y las facciones mestizas del conductor del taxi y de las recepcionistas del hotel, Doris y Ximena, nos indican la diferencia.

En los trámites del registro nos enteramos de lo acertado de nuestra elección al reservar el hotel. En esta ocasión corrimos con suerte. El alojamiento se encuentra a una cuadra de distancia de la calle Balcarce, lugar de restaurantes y cafés donde los turistas disfrutan de distintos espectáculos con música y baile del folclor nacional. Mas importante aún, el hospedaje nos ofrece el alquiler de un coche sin mayores trámites, propuesta última que decidimos acoger de inmediato.

En la noche visitamos la famosa calle y cenamos en el restaurante "La Peña Aruma" donde la comida desconoce los secretos de una buena cena y el espectáculo que la adereza nos marea con un torbellino de cantantes y bailes de toda la tradición nacional: malambos, chacareras, humahuaqueñas, además de representaciones gauchas de boleadoras y ponchos, acompañados de espontáneos que con dos copas en la cabeza y sin temor al ridículo intentan remedar coreografías que desconocen. Solo falta el show de tango para ver el folclor argentino completo.

Al día siguiente viajamos por una autopista incipiente a la ciudad de San Miguel de Tucumán, conocida como la cuna de la independencia de Argentina. Después de visitar su mayor lugar de interés "la casa de la independencia", sitio de reunión de los primeros rebeldes, caminamos por la ciudad en una tarde calurosa y solitaria.

Sentados en un parque, acompañados solamente por palomas que picotean a nuestro alrededor migas invisibles, escuchamos a Edith Piaf, cantando uno de sus famosos temas que escapa de un apartamento incognito ubicado en los alrededores de la plaza. La canción "no lamento nada" poema que transmite la tranquilidad de lograr una vida superada sin rencores, trasmite una sensación de nostalgia. La vida de las personas es igual en todo el mundo. Un habitante de Tucumán un domingo en la tarde, escuchando en su casa música francesa del siglo pasado, nos enseña las escasas diferencias que separan a los seres humanos. Me imagino a los vecinos en sus apartamentos dejando pasar las horas de un día caluroso en cotidianidades diversas, unas de mayor entretención que otras, mientras nosotros en el parque nos concentramos en la chica de la esquina que bien arreglada espera el transporte público. Por la forma como va vestida seguro que se dirige a una cita, comentamos.

Deambulamos por la ciudad y en la noche asistimos a un espectáculo sorprendente. En un teatro localizado en un costado de la plaza principal, sentados en las butacas de un dispositivo giratorio que se encuentra dentro de una especia de diorama gigante con escenas conformadas por pinturas, objetos, hologramas y personas que dialogan y cantan. El entramado nos permite ver desfilar los principales cuadros que representan los acontecimientos previos a la independencia del país. La obra asombra no solo por la integración de los elementos que la conforman, sino también por la emoción que logra despertar en el público que escucha con entusiasmo los actos incipientes del nacimiento de la nación.

Las semejanzas de esa epopeya con las de otros países, confirman nuestra apreciación. En América Latina somos iguales y nos separan solo pequeños matices. Las ideas de moda de la época dejaban ver las nuevas formas de gobierno propuestas. Centralistas contra federalistas era la tónica predominante, ambas fundamentadas en la lucha por el poder, cada una esgrimiendo la excusa de que su propuesta era superior, mientras que muchos años después "juan pueblo" suspira aún por un gobierno pulcro que le proporcione las condiciones necesarias para lograr cumplir sus anhelos de una vida justa y en paz.

Entrada la noche, volvemos nuevamente al museo de la independencia que trae un espectáculo al aire libre de luces y sonido. La presentación cinematográfica complementa los conocimientos de los albores de la república adquiridos durante la tarde. Salimos de allí, para encontrar que la luna llena es el telón de fondo de la canción "luna tucumana" cantada por Mercedes Sosa, en una calle donde vecinos bailan, malambo, chacarera y tango en un ritual citadino habitual de los domingos a esas horas durante todo el año.

A la mañana siguiente salimos en dirección a Salta por un camino alterno que nos han recomendado. Esperamos encontrar los paisajes espectaculares que nos han descrito, pero al contrario nos topamos con un bosque tropical húmedo similar al de algunas zonas cafeteras de Colombia. Nos sentimos viajando en el túnel del tiempo transportados de la Argentina a Risaralda en un instante como si viviéramos un sueño. En algún lugar del recorrido encontramos el mirador del indio donde una estatua recuerda a los primeros pobladores de la región y su destino final ante los embates de nuevas culturas. El recorrido finaliza con la visita un nuevo lugar turístico conocido como Tafi del Valle, pueblecillo rural que emerge como nuevo destino turístico en el país.

En Tafí, parece que la única distracción es contemplar un apacible paisaje que tiene como fondo un lago y comprar algunos recuerdos. Nos detenemos a la entrada en un restaurante que exhibe en su portal artesanías regionales, para tomar un café que resulta amargo. El sinsabor de la bebida se endulza con la amabilidad del propietario y la camarera que se esmeran por ofrecernos información del lugar.

Al salir del pueblo nos encontramos con Santiago y María que están desde el día anterior en la carretera a la espera de alguien que los arrastre en el camino. Santiago, brasilero de treinta y cuatros años, músico de profesión en la isla Santa Catarina ha decidido junto a María, rusa de treinta, emprender con muy poco dinero un viaje que los lleve hasta Bolivia. Comentan que en distintas partes de la ruta que se imponen, cuentan con algunos amigos en cuyas casas quizás tengan la posibilidad de pasar alguna noche. Les decimos que por el día de hoy nuestro destino final es la población de Salta, y ellos convienen en acompañarnos, comentando que allí cuentan con algún conocido que los puede alojar. María reconoce que temprano en la mañana arrodillada en el suelo, había dirigido una oración a la Pachamama con la petición de no permitir que pasaran una noche más a la intemperie, por lo que nuestro ofrecimiento de llevarlos les parece una bendición de la madre tierra.

Para ser un par de aventureros parecen bien informados y describen los sitios de interés que encontraremos en nuestro recorrido y los cuales ellos desean conocer. El museo de Pachamama y las ruinas de Quilmes. En ese momento aun no adivinamos que otra sorpresa nos espera en el camino.

En un recorrido alucinante que nos conduce por inmensos acantilados rocosos que sirven de marco encantador para una larga sesión fotográfica, llegamos a la población de Amaicha del Valle. En el lugar y al borde la carretera encontramos el museo de la Madre Tierra. Al detenernos con el fin de ingresar observamos que la boleta de entrada cuesta cuatro dólares por cabeza. La información de los mochileros llega hasta allí ya que no tenían previsto el valor del tiquete. Decidimos entrar a conocer la exposición invitando a los viajeros que dicen no tener dinero para pagar el costo del ingreso, como tampoco lo tienen para pagar el almuerzo en el restaurante. Definitivamente en Santiago y María su creencia en la Pachamama parece funcionar. Finalmente, sin importar la forma como se viaja el intercambio de experiencias y compañía son monedas que circulan con cierta facilidad.

El museo sorprende con su concepción mitológica y el acabado de sus esculturas en piedra. La combinación de las representaciones de los distintos dioses de la cultura indígena, en un marco de construcciones de piedra resaltan la importancia de una cultura que todavía convive con tradiciones ancestrales. Adjunto y como parte del mismo, una tienda que ofrece joyas de acabados exquisitos, confeccionadas con distintos minerales de la región, hace del sitio un lugar memorable para viajeros y turistas.

A las ruinas arqueológicas de Quilmes se llega después de recorrer un camino asfaltado en polvo en medio de un desierto de cactus, donde algunas llamas desperdigadas muestran su indiferencia ante el paso del vehículo. La fortaleza que visitamos, fue el centro de una población indígena que resistió durante 600 años los embates de diferentes pueblos que quisieron doblegarla, entre ellos los incas. Despierta la atención, el modo de vida totalmente autosostenible en medio de la mayor precariedad de recursos, que aprovechó esa cultura utilizando elementos naturales de apariencia insignificante como medio de supervivencia durante todo ese periodo. Finalmente, después de un largo proceso de asedio fueron exterminados totalmente durante la conquista española. Sus últimos habitantes fueron conducidos caminando en condiciones precarias por los conquistadores hasta Buenos Aires. Ahora, sus ruinas reconstruidas muestran los rescoldos de una civilización que supo convivir en armonía con una naturaleza totalmente desértica.

Continuamos a Cafayate localidad de los valles Calchaquíes situada en el sudoeste de la provincia de Salta. El recorrido muestra una colección de viñedos que le da una bien merecida fama de región vinícola, con una combinación de paisajes alucinantes que recrean la ilusión de estar caminando por los campos rojos del planeta Marte. Una película argentina llamada "Relatos Salvajes" aprovecha esas vistas de cinemascopio para relatar una historia brutal de prejuicios que culmina con el mutuo asesinato de los dos protagonistas en un lugar preciso al cual vamos a parar.

Allí llegamos guiados por las indicaciones de varios lugareños, entre los cuales un bombero de una estación de gasolina, que se muestra dispuesto a enseñarnos el sitio preciso para que podamos aparecer en escena.

Bien entrada la noche llegamos a nuestro destino. Los acompañantes deciden quedarse en las cercanías de la ciudad en una estación de combustible. Ellos tienen la expectativa de pasar la noche en el lugar si no logran encontrar al amigo que les ha prometido alojamiento. Nos despedimos con un fuerte abrazo y nos deseamos suerte mutua. Al día siguiente nos enteramos que han avanzado doscientos kilómetros al norte, en dirección a Bolivia.

Al llegar al hotel tenemos una decepción, encontramos que la reserva para viajar al día siguiente en el tren de las nubes no se ha podido hacer. El principal motivo de visitar el lugar era conocer el promocionado destino, lo cual nos genera un sentimiento de frustración.

En la mañana siguiente para sobreponemos a nuestro desencanto nos animamos a conocer un poco la ciudad. Un corto recorrido en un taxi nos conduce al cerro de San Bernardo, cuya cima a 1454 metros sobre el nivel del mar permite divisar la ciudad casi en su totalidad. El taxista llamado Alejandro cuenta que Salta es la tercera ciudad de mayor población de Argentina y su vocación agrícola y comercial la hacen muy visitada.

Decididos a no dejamos amilanar por las restricciones que impone la casualidad salimos en la mañana siguiente en dirección a la provincia de Jujuy, siguiendo el camino de la cornisa, carretera alterna a la autopista. El recorrido hace honor a su nombre e impone durante el trayecto un sentimiento de vértigo mezclado a la inseguridad de una vía angosta, que en cada curva amenaza con la restricción del paso para un solo vehículo. Pienso que no me atrevería a conducir por este sendero en época de invierno. Aún con estas dificultades, la exuberancia de la vegetación y el murmullo de la naturaleza convierte el viaje en un recorrido mágico que por momentos casi hace olvidar el peligro de terminar en el fondo del abismo.

El lugar hacia donde nos dirigimos es la Quebrada de Humahuaca declarada patrimonio de la humanidad. La región semidesértica encierra una serie de pequeñas poblaciones que muestran en sus distintas ferias la cultura y los rasgos indígenas de sus pobladores. La naturaleza ha labrado durante un proceso de millones de años una serie de paisajes imponentes de colores primarios que destacan sobre un límpido cielo azul. La joya central se encuentra en el pueblo de Purmamarca localidad que se asemeja a un pueblo boliviano, donde su Cerro de siete colores sirve de marco natural a un pueblo que parece detenido en el tiempo. La plaza principal se encuentra adornada por su principal atractivo, un algarrobo de trescientos años que sirve como referente de eventos culturales. Otros lugares de la región atraen a los viajeros: las ruinas indígenas de Tilcara y su Pukara reconstruido muestran los vestigios de una cultura aparentemente desaparecida.

Al llegar al poblado de Humahuaca su casco municipal deja ver una cara de casas rústicas construidas con piedra, dispuestas en un laberinto de calles estrechas y empedradas. Cerca de la única placita, está localizada la iglesia y junto a ella un restaurante para turistas muestra un grupo de argentinos jubilados que bailan animadamente durante el almuerzo la canción del carnavalito, interpretada por un grupo local. Todos hacen el trencito alrededor de las mesas y se divierten como niños sin importar el parecer de los demás comensales. Leí en alguna parte que los primeros cincuenta años de la vida son mero entrenamiento de los próximos por vivir. No sé si ese punto de vista sea cierto, lo que sí parece mostrar el entusiasmo de los bailarines, es que a mayor edad parece que la mayoría de las personas vuelven a ser niños. El mismo desenfado frente a la vida con las limitaciones de la energía que ya no es inagotable.

El aspecto físico de los habitantes de la región sorprende. Sus rasgos indígenas los hacen más parecidos a los habitantes de Bolivia, pero su timbre argentino los delata, convirtiéndolos en habitantes de un país que va en contra de su condición natural.

Las fronteras, siempre las fronteras, irremediablemente desconocen y separan con una persistencia tenaz las particularidades de la cultura. A solo mil kilómetros en línea recta de Buenos Aires, tan occidental en sus costumbres, es palpable que la Pachamama dirime todavía el destino final de sus habitantes.

Un gigante indómito

Arribamos al aeropuerto de la población de Iguazú y tan pronto salimos del mismo Cristian nos ofrece su vehículo para conducirnos al hotel. Durante el camino nos plantea un dilema: dejarnos en el alojamiento o conducirnos de inmediato a ver el lado brasilero de las cataratas. Optamos por la segunda opción situada a unos cuarenta kilómetros por un camino que se escapa de ser devorado por una selva tropical que lo asedia.

Pasamos por la emigración argentina y la inmigración brasilera sin mayores trámites que el de mostrar el pasaporte y decir "obrigado" a los inspectores que sellan el documento permitiéndonos la entrada al país más grande del mundo. Treinta minutos después de salir del aeródromo nos encontramos al frente de la entrada principal de las cataratas de Iguazú en el Brasil.

Con la asesoría del conductor rápidamente cambiamos dinero, adquirimos las entradas, compramos emparedados con refrescos y nos subimos de manera precipitada a un bus que nos conduce a conocer uno de los sitios naturales de mayor espectacularidad que ofrece el planeta.

El servicio de buses internos nos lleva a las plataformas de avistamiento de las cataratas en el lado brasilero que muestran solo el veinte por ciento de la totalidad de las mismas. Hemos pagado por dos excursiones, una nos permite caminar por las pasarelas que bordean el salto de agua y otra nos lleva a realizar un viaje en bote por el río Iguazú con el propósito de aproximarnos a la base de la caída del agua.

La primera excursión nos asombra con la magnificencia y fuerza de un río color chocolate que en algunos lugares sientes que te aplasta. La segunda nos aturde los sentidos por la adrenalina que produce el viaje en los rápidos del río, generando un vértigo similar al de un columpio gigante que coloca la embarcación en el límite del naufragio. De la primera nos retiramos ligeramente humedecidos, de la segunda totalmente mojados como si nos hubieran metido en una ducha gigante con gotas inmensas que te golpean sin piedad para castigar la osadía de ingresar a una zona prohibida. Si el paisaje desde afuera de las cataratas te deja con la boca abierta, debajo de las mismas te deja sin aliento. Es una experiencia que las palabras poco pueden describir y hay que vivirla para sentirla plenamente. Una hora después de lo acordado con Cristian salimos del parque volviendo a realizar a la inversa los trámites de frontera de la mañana.

El hotel que nos espera, tiene literalmente sus habitaciones en medio de la jungla y a esas horas de la incipiente noche no deja uno de preguntarse si aprovechando la oscuridad y la manigua, una serpiente o una tarántula pueden estar al acecho para emboscarnos, cuando estemos ingresando a la habitación asignada. Caminamos con fuerza haciendo el mayor ruido posible. Afortunadamente la morada se encuentra muy cerca y no tenemos que andar demasiado en medio de la espesura que nos rodea.

El sitio es fresco y la noche alejada de ruidos son buenos augurios para descansar de las emociones del día. El ambiente de tranquilidad que se respira y el hambre acumulada que acosa, nos anima a volver a la recepción donde nos encontramos con un restaurante que esta noche ofrece música en vivo. Estamos en Argentina y el tango es la melodía obligada. Por el paisaje selvático y la idiosincrasia de su gente más parece que estuviéramos en Paraguay, pero al igual que en Jujuy el tono argentino que se escucha no deja lugar a confusiones.

En el nuevo día, Cristian con quien hemos acordado previamente, llega a la hora prevista para llevarnos a la parte de las cataratas en el lado argentino. La puerta principal de ingreso al parque sorprende, con su diseño que parece fuera de lugar.

Su acceso presenta una fachada similar al mejor estilo de Disney Word con sus atracciones de fantasía, dejando en el visitante la sensación de no encontrarse a la entrada de uno de los escenarios naturales más arrogantes del planeta. Ingresamos y la ilusión persiste. Igual que en Disney nos montamos en un trencito de juguete sin divisar en ningún momento la maravilla anunciada. Quince minutos de marcha, nos dejan en la fila de otra estación, donde una espera de media hora da tiempo para preguntarse si será que la visita a las cataratas amerita tanto protocolo o es solo una ilusión. Finalmente, el segundo tren nos aproxima a las pasarelas de un kilómetro de largo que conducen al borde mismo de las cataratas.

Al llegar, emprendemos la caminata por las plataformas de madera y hierro soportadas sobre columnas de concreto enterrados en los distintos brazos de ese delta de agua dulce. El largo camino recorrido y la espera no defraudan la imagen premonitoria del inconsciente. En uno de sus vértices, un punto preciso que combina la humedad del agua evaporada con gotas que empapan completamente a quienes allí se asoman, conocido como “la garganta del diablo”, deja a los visitantes estupefactos por las toneladas de agua que se desploman en el acantilado, en un vértigo interminable generado por el ingeniero encargado para el tallado perpetuo de la roca. Estableciendo una similitud con las cataratas de Niágara se puede pensar que aquellas semejan un gigante subyugado, mientras que las de Iguazú corresponden al de uno indómito y salvaje, que con sus innumerables brazos se resiste a ser sometido.

Si el poder de la naturaleza asombra no lo es menos el de los seres humanos capaces de realizar las cimentaciones de los puentes para caminar encima de ese abismo de agua.

Permanecemos allí junto a una multitud de lenguas asombradas por la espectacularidad del evento que no tiene fin, tratando de entender la fuerza indómita que doblega la imaginación. Como un imán, la imagen del agua que se desploma en ese precipicio sin fondo no permite que la multitud se aleje fácilmente. Todos queremos quedarnos eternamente fascinados por el paisaje inconmensurable. Pero la realidad se impone y la presión de la multitud que avanza forza el retiro, dejando en la retina la nostalgia de una imagen de fantasía.

Alejándonos del sitio observamos por caminos alternos las cataratas desde un ángulo distinto que permite apreciarlas en toda su dimensión. Su magnitud asombra tanto o más que su fuerza. El panorama permite observar cientos de saltos de agua en una extensión que llena el horizonte. Unos de mayor altura, otros menos anchos, algunos con capacidad de bifurcarse, aquellos formando hilos que se deslizan plácidamente sobre el abismo, pero todos ellos haciendo parte de un intrincado camino de agua que se abre paso a través de la selva siguiendo una geología que modifica la superficie del terreno.

En el recorrido para observar los distintos saltos de agua se dejan apreciar familias de coaties, que se deslizan con apariencia amigable en busca de alimentos ofrecidos por los turistas, sin conocer que verán afectada su condición natural. También se dejan ver infinidad de pájaros, monos aulladores y con un poco de suerte alguna serpiente que ha perdido su rumbo y se desliza suavemente en busca de un refugio que le permita escapar de esa especie tan peligrosa como es la humana.

En resumen, las cataratas de Iguazú bien merecen ser nombradas como uno de los mayores atractivos naturales que tiene el planeta.

Buenos Aires

Como corolario del viaje, la última parada del mismo se produce en la capital de la Argentina, donde la luz crepuscular diaria irrumpe con fuerza, para que la vida se perpetúe con el consumo del mate y la nostalgia de los tangos.

¿Qué se puede decir de una ciudad como Buenos Aires, que no hayan comentado Gardel y Libertad Lamarque, Borges y Cortázar, Maradona y las madres de mayo Susana Giménez y Eva Perón, Palito Ortega y Leonardo Fabio? Artículos de prensa, revistas, guías de turismo, libros, películas han observado y descrito la capital desde muchos ángulos; todos ellos resaltan el aroma porteño y florido de sus distintos barrios elegantes y de arrabal, de sus calles rectas con horizontes incandescentes sobre pedazos de arquitectura francesa, de los goles de fantasía en sus estadios y sus librerías en la calle corrientes, de sus teatros y su obelisco punto frecuente de reunión para la protesta social, de sus bulevares sofisticados y parques que invitan al descanso, de sus ínfulas de metrópoli, de sus callecitas estrechas alejadas del centro de la ciudad, de la personalidad de sus barrios y de los distritos donde el folclor nacional lucha por no desaparecer.

La historia de Argentina se refleja en los numerosos mausoleos y monumentos, dispuestos en la ciudad, desde aquellos dedicados a los héroes de la independencia, hasta alguno que fue rebautizado para honrar a los héroes de la guerra de las Malvinas. La mezcla de estilos arquitectónicos que manifiestan las fachadas de sus innumerables edificios, señala la evolución urbana porteña y el rescate de antiguos inquilinatos en el barrio San Telmo, evidencia a través de una intricada red de túneles, construidos para canalizar antiguos zanjones, el avance de una población urgida de cambios a causa de fuerzas que en su momento no se conocían, como la epidemia de fiebre amarilla del siglo diecinueve que casi arrasa la villa.

Muchas características pueden destacarse de esta localidad, la variedad de sus espectáculos teatrales, sus distintas ferias de periodicidad variable, el menú monocromático de sus restaurantes, las tiendas de la calle Florida, sus almacenes de lujo del barrio la Recoleta, todos ellos con mayor o menor importancia para satisfacer los distintos gustos que demanda la diversidad.

No obstante, el tango sigue siendo el telón de fondo y mantiene su vigencia en todas sus jurisdicciones. En los espectáculos de artificio para turistas, en las imágenes impostadas de los conventillos de caminito, en sus numerosas casas museo y sus nostálgicos cafés, en sus innumerables academias y sus salones de clases para principiantes, en sus clubes permanentes donde turistas y ciudadanos del común se reúnen como una logia para expresar sus sentimientos a través del baile.

Los profesores de las múltiples academias de enseñanza del tango, que se prodigan a lo largo y ancho de la ciudad, tienen cada uno un sello particular. Algunos enfatizan en la postura y el abrazo, otros en la intención del hombre para dirigir a la pareja, aquellos en el acento y la cadencia, otros en la plasticidad natural del movimiento. Aun con su diversidad, todos muestran su amor y entusiasmo por este baile donde la sincronía de la pareja es el ingrediente que prima.

Un aspecto que destaca sobre todos los demás y que contradice antiguos prejuicios de los visitantes, es la hospitalidad del porteño actual. Alberto portero del edificio que nos acoge, nos trata como si fuéramos amigos de toda la vida y nos sugiere los sitios que debemos visitar. La familiaridad y cordialidad cotidiana se hace patente en todas partes. En el chofer del autobús que saluda a cada pasajero al subirse, en el estanquero de la tienda de la esquina, en la señora que recibe la ropa en la lavandería, en el vigilante del museo, en los vendedores de los puestos de revistas, en el conductor del taxi que tiene la paciencia para acomodarse a las exigencias de los turistas, en los mozos de los restaurantes. Pareciera que todos se esmeran en un gesto amable, quizás para probar que los argentinos no tienen la arrogancia que les imponen y que es el sello que los distingue cuando viajan al exterior. Cuando uno agradece un servicio responden en su tono cantarín con un "por favor", significando con ello que es lo mínimo que puede esperarse de su atención.

La visita de sus plazas, de sus museos, de sus jardines e incluso de sus cementerios muestra una imagen apacible que esconde con disimulo las turbulencias de una población que exige sus derechos y recuerda los distintos periodos de injusticia padecidos durante diferentes gobiernos civiles y militares.

En consonancia con su título de la joya del Plata, Buenos Aires tiene un municipio cercano al que se llega después de un recorrido de una hora en tren, en autobús o por vía marítima. Es El Tigre, lugar de confluencia de distintos ríos, convertido en el balneario por excelencia de la ciudad. Allí, visitantes de todas las condiciones sociales se congregan en casas particulares o en clubes que permiten el ingreso para disfrutar deportes náuticos.

Para un habitante latinoamericano, Buenos Aires es el París del continente. Un lugar donde puede soñar en español con el encanto multifacético y cultural de Europa, cobijado en sus innumerables tiendas, restaurantes y librerías. Estas últimas, no son solo las de la calle corrientes, sino también las que se encuentran en sus cuarenta y ocho barrios como lugares de reunión obligada de lectores insaciables que pueden calmar allí un poco la sed que los agobia. Todos los días al amanecer la luz metálica del Rio de la Plata, ofrece a cada visitante la imagen de una ciudad que invita a volver.

El final

Durante sesenta y cinco dias hemos recorrido el sur del continente, tratando de mantener una mente abierta dispuesta a entender las costumbres, las creencias y las formas de ser de los habitantes de los países visitados.

Hemos probado y degustado sus comidas típicas, bailado su folclor y nos hemos interesado por conocer sus costumbres. Nuestro asombro por la naturaleza visitada no ha decrecido a lo largo del viaje. Hemos disfrutado la vista de sus montañas nevadas, del frio glacial de sus desiertos, de la dureza mostrada por la tierra del fuego, del abismo inconmensurable de la pampa, de la asombrosa soledad de la Patagonia.

Sus valles sembrados de viñedos, la fuerza imponente de sus glaciares, la vista insondable de sus numerosas lagunas, la naturaleza salvaje y bella de sus innumerables paisajes, junto a la cortesía siempre y la cordialidad permanente de sus habitantes, nos han enseñado una vez más, que el mundo es uno solo, que las fronteras en la naturaleza no existen y que las ideologías que separan a los hombres pueden convertirse en ficciones, cuando todos podamos comprender que solo poseemos una casa en común que tenemos la obligación de conservar, para que otras generaciones puedan sorprenderse, como nosotros lo hemos hecho, con horizontes maravillosos donde cada cual pueda interpretar a su manera el ritmo perpetuo del misterio que acompaña la vida.

Printed by Books on Demand GmbH, Norderstedt / Germany